몸으로 익히는

골프

숭실대학교 출판국

몸으로 익히는

골프

초판 발행 2015년 6월 15일
지은이 심성섭, 윤형기, 임진선
펴낸이 한헌수
펴낸곳 숭실대학교 출판국
서울 동작구 상도로 369
등 록 제14-2호(1982.1.25)
TEL.02-820-0772
FAX.02-817-5297
http://press.ssu.ac.kr
찍은곳 한컴인쇄정보
TEL.02-2274-3394
FAX.02-2274-3397
값 10,000원
ISBN 978-89-7450-343-7 03690

스카이72 골프 앤 리조트, 부곡 CC, 타이틀리스트에서
촬영장소와 이미지를 제공하였습니다.

머리말

골프는 현재 많은 이들이 참여하는 대중적 스포츠라 할 수 있습니다. 1997년 박세리의 LPGA 맥도날드에서의 우승으로 인해 골프 종목은 붐이 일어났고, 유소년층의 골프가 급증하게 되었습니다. 현재는 다양한 계층들이 골프에 참여하게 되면서 대중적 스포츠로서의 이미지를 구축하고 있습니다. 최근에는 미국에 진출한 여자프로선수들의 선전으로 골프 경기에 열광하는 팬들이 점점 늘어가고 있는 상황입니다. 국내 남자선수들도 다수 PGA대회에 진출하고 있는 상황입니다.

국내 골프 시합의 경우, 그 경기 수가 늘어나게 되면서 질 높은 골프문화의 정착이 필요하게 되었습니다. 또한 골프의 인기와 더불어 다양한 골프 교재들이 시판 중에 있으나, 보다 손쉽게 익힐 수 있도록 만들어 보고자 하는 욕심에 용기를 내어 본서를 집필하게 되었습니다.

이 책이 완성될 수 있도록 도와주신 여러 교수님들과 김지학 후배에게 고마움을 전하며, 골프장에서 촬영하며 호흡을 함께 했던 최희성 조교님에게도 경의를 표합니다. 이미지 파일을 책에 사용할 수 있게 해준 타이틀리스트와 촬영이미지와 장소를 제공해준 스카이72 골프 앤 리조트와 부곡CC관계자에게도 감사의 말씀드립니다.

흔쾌히 교재를 편찬하게 해주신 숭실대학교 출판국 관계자분들께 감사의 말씀을 드리며, 이 교재를 통해 골프를 잘 즐길 수 있기를 기대합니다.

2015년 5월

저자 일동

CONTENTS

1 골프의 역사

1) 골프(Golf)의 기원

골프의 기원에는 대표적으로 세 가지 속설이 있다. 첫째로 네덜란드에서 행해진 아이스하키와 비슷한 놀이가 스코틀랜드로 건너가면서 골프로 변했다는 설이다. 다음 설은 스코틀랜드에서 양치는 목동들이 하던 놀이가 골프로 발전됐다는 것이다. 마지막으로 로마 제국이 스코틀랜드를 정복했을 때 군사들이 하던 놀이가 골프가 되었다는 것이다. 세 가지 설의 공통점은 스코틀랜드에서 시작됐다는 것이다. 그래서 어떤 나라에서 시작되었는지에 대한 이견은 적은 편이다. 이러한 관심은 귀족들이 골프클럽을 만드는 원동력이 되었다. 1754년에 22명의 귀족들이 모여서 세인트앤드류스 골프클럽(Saint Andrews Golf Club)을 형성했고, 이를 윌리엄(William) 4세가 로열앤드에이션트(Loyal And Agent) 골프클럽이라는 명칭을 붙여 줌으로써 영국 전역의 골프클럽이 통합되었다. 이곳에서 13개 항목의 골프 규칙이 성문화되었는데, 이것이 골프 규칙의 시초라고 할 수 있다. 이를 바탕으로 1860년에 최초로 골프 대회가 열렸는데, 이것이 영국 오픈 선수권 대회이다. 장소는 프레스트 위크(Prest Wick) 코스였으며, 이후 20세기 초까지 골프는 영국에서만 큰 인기를 끌었다. 이후 미국에 보급되었고, 유럽과 아시아에 전파되었다고 알려진다. 이 중에서도 미국의 경우에는 스코틀랜드 출신의 레이드(Reid)가 1888년에 뉴욕에 처음으로 골프클럽을 만들었고, 이후 1894년에 미국 골프협회가 설립되면서 질적, 양적으로 많은 투자를 하게 되었다. 이 같은 투자를 기반으로 하여 미국은 1930년대에 영국을 압도하는 우수한 선수들을 배출하게 되었다.

2) 골프(Golf)의 발달과정

골프의 발달과정은 스코틀랜드의 역사와 밀접한 관련이 있다. 15세기에 스코틀랜드는 잉글랜드와 관계가 좋지 않았다. 그렇기 때문에 항상 전쟁에 대한 대비가 되어 있어야 했고, 모든 남자들은 훈련을 해야 했다. 하지만 당시 골프의 인기가 엄청났고, 많은 군인들이 훈련보다는 골프에 열중해 있었다. 결국 이를 방지하기 위해 제임스(James) 2세는 골프 금지령을 내렸다. 제임스 2세가 내린 골프 금지령의 내용은 '골프가 너무 성행하여 이웃 잉글랜드와의 전쟁에서 국가방위에 필요한 궁술연습에 심각한 방해가 되므로 12세 이상 50세까지의 국민에게 골프를 금한다'였다. 이를 통해 골프가 사회적 문제가 될 정도의 인기였다는 것을 알 수 있다. 또한, 이를 통해 골프가 스코틀랜드에서 시작됐다는 것을 입증해주는 것이기도 하다. 많은 학자들은 골프가 이 금지령이 공표되기 100년 전부터 골프가 시작됐다고 추정하는데, 그렇다면 골프는 1400년 대 후반에 처음 생겨났을 가능성이 높다.

하지만 이런 골프 금지령에도 불구하고 골프의 인기는 식을 줄을 몰랐다. 하지만 골프 금지령으로 인해 서민들은 골프를 할 수 없게 됐고, 골프는 특권층만 즐길 수 있는 문화가 되었다. 귀족들이 골프를 숨어서 하기 시작했고, 왕족의 경기로 바뀌게 되었다. 그렇게 골프는 계층의 구분 없이 즐기는 스포츠가 되었다. 그러던 중, 15세기 말에 화약이 발명되면서 활쏘기 훈련이 불필요하게 되었다. 또한, 잉글랜드와 스코틀랜드가 평화협정을 맺으면서 전쟁에 대한 대비 훈련이 약화됐다. 이와 함께 골프금지령이 명분을 잃게 되었고, 유명무실해지면서 폐지됐다.

평화협정 이후, 스코틀랜드에 평화시대가 찾아오면서 골프는 활성화되기 시작한다. 제임스 4세로 인해 골프는 전 국민의 스포츠로 발돋움하기 시작한다. 특히, 제임스 4세의 자녀인 제임스 6세와 메리여왕(Mary)은 골프에 대한 관심이 대단했다. 어려서부터 골프를 배운 제임스 6세는 자신만의 콜프코스(Kolf course)를 만들고 친구들과 골프를 즐겼다고 알려져 있다. 그리고 제임스 6세는 아이언이 골프 잔디를 해친다면서 목재로 된 골프 용구를 사용하기를 권장했다고 알려져 있다. 반면, 메리여왕은 1500년대에 세인트 앤드루스에서 골프를 쳤다고 알려져 있다. 그 당시 메리여왕이 골프를 치기 위해 에딘버러(Edinburgh)로 갈 때 수행한 프랑스 귀족의 어린 아들이 있었는데, 그를 프랑스어로 까데(cadet)라고 불렀다고 한다. 이것이 '캐디(caddie)의 시초라고 한다. 메리여왕의 골프에 대한 애착은 엄청났는데, 그의 남편인 찰리경(Charile)이 죽은 지 3일 만에 골프를 즐기기도 했다. 이때문에 사회의 비난을 받기도 했다. 또한, 주일에는 골프를 치는 것이 금지되어 있음에도 불구하고 메리여왕은 일요일에도 골프를 칠 수 있도록 허가했다고 알려져 있다. 이 때문에 교회와 충돌했고, 교회에서 일요일에 치는 골프를 '신성모독'으로 규정하기도 했다.

영국의 경우, 골프에 대한 공식적인 문서들이 많이 있다. 토마스 하봇톨(Thomas Harbottle)이 대학 총장에게 제출한 소장에서도 골프에 대한 언급이 있고, '맨체스터 골프클럽'(Manchester Golf Club)이라는 제목의 소책자에도 골프에 대한 언급이 있다. 또한, 영국 왕실에서도 골프를 즐겼다는 내용이 있다. 한 문헌에 따르면 잉글랜드 헨리(Henry) 8세의 아내인 캐서린(Catherine)은 남편이 사냥을 나가면 본인은 골프를 즐겼다고 알려져 있다. 그녀는 친구에게 쓴 편지에서 골프에 심취하게 된 것에 대해 "신께 감사드린다"라며 골프가 흥미롭다고 말하고 있다.

이후 19세기에 빅토리아(Victoria) 여왕 시대에 골프가 대중들에게도 알려지면서 많은 사람들이 즐길 수 있는 스포츠가 되었다.

3) 볼(Ball)의 탄생

골프에 대한 기록은 1457년부터지만, 골프공(Golf Ball)에 대한 언급

은 쉽게 찾아볼 수 없다. 골프공에 대한 학자들의 의견에 따르면 1220년대 말에 독일인들이 너도밤나무, 느릅나무를 깎아서 만든 볼로 경기를 했다고 하며, 네덜란드인들은 가죽에 소털을 넣어서 사용했다고 전해진다. 이후 1500년 대에 스코틀랜드인들이 가죽 속에 거위털을 넣어서 경기를 하면서 '페더볼(Feather Ball)' 시대가 열렸다고 한다. 지금과 비슷한 모양의 공은 1630년에 가죽 주머니로 만든 것이다. 새털을 사용했다는 주장이 있지만 골프 공에 대한 정확한 기록은 없다. 학자들에 따라서 골프공의 기원은 4가지로 나눠볼 수 있다.

제1기 1743년 : 페더볼(Feather Ball)

일명 '페더리(Feathery)'라고 하는 이 공은 볼 모양의 가죽에 물에 적신 거위털을 넣었다고 알려져 있다. 가죽을 여러 조각으로 자른 후에 다음 명주실로 볼(Ball) 모양을 만들고 안쪽을 꿰맨 후에 뒤집으면서 공 모양을 만들 수 있다. 거위의 털을 최대한 단단히 채웠으며 마지막에 구멍을 막으면서 공을 만들었다. 이렇게 한 뒤에 말리면 가죽공은 수축하면서 단단해졌고, 이 주변에 기름을 바르면서 모든 공정은 끝이 난다. 그러나 이 과정은 너무 어렵고 시간이 오래 걸리기 때문에 기술자라고 하더라도 하루에 4개 이상 만들기가 쉽지 않았다.

이 공은 200야드 정도의 비거리가 나왔다고 한다. 직경은 43~46mm, 무게는 43g 정도였으며 물에 젖으면 사용할 수가 없어서 두 라운드를 넘기기가 힘들었다고 한다. 1845년에 구타페르차(Gutta-Percha) 볼이 등장하기 전까지 이 공이 통용됐다.

제2기 1845년 : 구타페르차볼(Gutta-Percha)

야생식물에서 추출한 고무로 만들어진 이 공은 페터슨(Peterson)이라는 목사가 제안했다고 알려져 있다. 많은 사람들이 자신이 이 볼을 만들었다고 주장하기 때문에 정확히 누구에 의해 만들어졌는지는 입증하기 어렵다. 말레이시아의 사포딜라(Sapodilla) 나무의 진액을 말린 것으로 실온에서는 단단하지만 열을 가하면 형태가 변형되기 쉬워서 손으로 볼의 모양을 만들 수 있었다. 이를 다시 냉각시키면 단단해지면서 쉽게 찢어지거나 깨지지 않았다고 한다. 이 공은 비거리가 떨어졌지만 볼 역사의 획기적인 역할을 하는 데, 이 시기에 딤플(Dimple)과 바로몰드(Baro Mold)가 등장하게 된다.

이 공은 1848년 런던의 블랙히스(Blackheath) 대회에서 공식적으로 등장한다. 이 공이 등장하면서 골프의 관심이 다시 커지게 됐고, 대량생산이 가능해지면서 골퍼들이 쉽게 골프를 칠 수 있게 되었다. 또한 그린 위에서 퍼터(Putter)로 콘트롤(Control)하기가 쉬워서 골프의 재미를 배가 시켰다.

몰드(Mold)를 사용해서 볼을 제작하기에 이르렀고, 일정한 규격과 정교한 표면처리가 가능했다. 그러나 흠집이 난 공을 골퍼들이 사용했는데, 이는 비거리 때문이었다. 그래서 이것이 후에 딤플이 탄생하게 된 계기가 되었다. 이때부터 딤플에 대한 연구가 시작되었고, 제조사마다 딤플 배열을 놓고 경쟁 중이다.

제 3기 1898년 : 고무코어볼(Rubber Core Ball)

제2의 혁명은 러버코어볼(Rubber Core Ball) 즉 발라타볼(Balata Ball)의 등장으로 볼 수 있다. 현재의 발라타볼과는 소재와 구조가 현저히 다른 이 볼은 초기에 고무로 만든 둥근 원형에 고무실을 팽팽히 감고 그 위에 구타페르차로 커버를 씌웠는데 이후 발라타(Balata)로 고무소재가 발견되면서 커버는 발라타로 바뀌었다. 이는 와인딩볼(Wind Ball)의 원조이며 고무실의 탄력으로 더 멀리 날아감은 물론 방향 조절까지 가능했다. 무엇보다 단단한 커버 소재로 말미암아 타구감까지 가지게 되었다. 현재의 발라타볼의 발전은 타이틀리스트의 역사에서 볼 수 있다.

1898년 오하이오주 클리블랜드(Cleveland)의 거부 코번해스켈Coburn Haskell)이 고안한 고무코어볼(Rubber Core Ball)의 등장은 골프클럽의 변화에 결정적 영향을 준 골프계의 혁명적인 일이었다. 부드러운 고무볼(Rubber Ball)은 감나무 소재의 우드헤드(Wood Head)를 만들게 했고, 손으로 두드리던 아이언(Iron)은 점차 기계화될 수 있었다. 아이언에 그루브(Groove: 직선으로 된 홈)를 만들게 하여 떠 있는 시간을 늘림으로써 비거리도 증대되어 그때까지 생각지 못 했던 스핀(Spin)이라는 단어도 생겼다.

이 볼은 구타페르차볼보다 많은 탄력 때문에 그린 위에서 조절이 힘들었으나 스핀으로써 볼을 컨트롤하였고, 웨지(Wedge)의 발달도 가져왔다. 1910년 던롭사(Dunlop Corporation)의 딤플볼이 최초로 제작되게 된다. 직경은 1.6~1.7인치, 중량 45~9g이며, 비거리가 50야드 늘게 되었다. 1921년에는 영국 R&A 사에서 직경 41.15mm, 중량 45.93g 등으로 볼의 규격이 처음으로 통일되었다. 참 재미있는 일은 2피스의 공법이 3피스보다 간단하므로, 3피스보다 2피스가 먼저 나왔을 것이라 생각하기 쉽다는 것이다. 그러나 2피스 볼이 생산되기까지는 수많은 생산 착오를 거쳤으며, 무엇보다 코어의 강도와 코어를 중심부에 위치시키는 것이 쉽지 않았다는 점이 가장 큰 문제였다.

제 4기 : PIERCE 수의 증가

필영이라는 아마추어골퍼는 당시 고무볼(Rubber Ball)을 X-RAY 촬영을 했는데 그 결과 코어가 중심을 이탈한 것을 발견하고 코어를 고무액체로 만들게 된다. '엑슈넷프로세스컴퍼니(Accunet Process Company)'라는 회사로 현재의 타이틀리스트사(Title List Corporation)의 전신이다. 이 액체코어는 클럽으로 타격했을 때 찌그러졌다가 원형으로 복귀되는 시간을 최대한 단축시켜 그만큼 반발력을 가질 수 있게 했다. 또한 얼린 상태에서 고무로 감겨지는데 이 공정은 타구감과 스핀, 컨트롤을 완벽하게 조화시키는 기능을 할 수 있도록 정확한 각도로 감겨졌다. 여기에 천연고무를 커버로 씌우는데 와운드볼(Wound Ball)이라고 부르는 것은 고무실을 감았기 때문이고 발라타볼(Balata Ball)이라고 부르는 것은 커버가 발라타(Balata)이기 때문이다.

3피스(Piece) 볼은 커버의 소재와 와운드(Wound) 형식(실감기), 코어의 소재 등의 변형으로 새로운 발전을 하게 된다. 그러나 역시 천연고무로 만들어진 발라타볼은 3~4홀만 돌아도 볼 손상이 심해 내구성이 부족했고, 합성고무의 발달은 커버의 소재를 바꾸어 놓았지만 보다 비거리를 많이 내기를 원하는 소비자는 볼 생산자들로 하여금 2피스 볼을 만들게 했다.

1931년에는 미국골프협회(USGA)에서 직경 42.67mm, 중량 45.93g으로 규제하였고, 1942년에는 250피트/sec로 타구속도를 규제하기 시작했다. 공인구에는 딤플(Dimple) 수가 한정되어 있지 않듯 이 딤플은 거리에 큰 효과를 내지 못한다. 결국 커버와 코어의 소재, 구성을 달리해야 했고, 보다 단단한 코어 연구개발로 이어졌다. 그 결과 탄생한 볼이 썰린커버(Surlyn Cover)의 2피스 볼이다. 2피스는 3피스 볼에 비해 아마추어(Amateur)들이 쉽게 다룰 수 있다는 특성과 평균 비거리가 더 나간다는 것, 저렴한 가격 등으로 전성기를 누렸지만 지난 1990년 초부터 다시 3피스 볼이 영역을 넓혀가고 있다. 3피스 볼은 스핀(Spin)을 많이 먹고 타구감이 뛰어나며, 정확도와 방향성이 좋아 프로골퍼나 싱글핸디(Single Handy)들에게 꾸준히 사랑을 받아왔다. 그러나 최근에는 2피스와 3피스의 구분이 모호해지고 있다. 구조의 차이에서도 각각의 단점을 보완하고 장점을 발전시켜 4피스가 등장할 정도로 변신을 꾀하고 있으며, 클럽(Club)의 소재가 하루기 다르게 새로운 소재를 개발하듯 볼도 티타늄(Titanum), 비스무스(Bismuth), 텅스텐(Tungsten) 등 메탈성분을 추가하는 등 소재와 구조의 개발에 활기를 띠고 있다.

2 골프장 및 골프용품

1) 골프코스(Golf Course)

골프 코스(Golf Course)는 골프하는 장소를 말하며, 코스라고 부르기도 한다 보통 골프 코스는 클럽 하우스(Club House)를 중심으로 보통 20만 평(65만㎡)에서 30만 평(99만㎡)까지 있다. 코스(Course)는 평탄한 숲, 산, 해변 등의 자연을 이용하여 설계되어 있다. 골프는 이렇게 자연 속에서 스포츠(Sports)를 하는 것이 매력이며, 자연에 융화되는 것이 매력이다. 골프 코스는 크게 세 가지로 구성되어 있다. 티 샷(Tee Shot)을 하는 티 그라운드, 세컨드 샷(Second Shot)을 하는 페어웨이(Fair Way), 마지막으로 퍼팅을 하는 그린이다. 이 세 가지 구성에서 해저드(Hazard)와 벙커(Bunker)의 구성에 따라 코스의 난이도가 결정된다고 할 수 있다.

홀(Hole)

홀(Hole)은 볼(Ball)을 쳐서 들어가는 구멍을 말한다. 정규 코스에서의 홀은 18홀이며, 예외적으로 9홀, 36홀 코스도 있으나 공식 경기를 할 때에는 18홀을 원칙으로 한다. 18홀 중에서 전반의 9홀을 아웃 코스(Out Course)라 부르며, 후반의 9홀을 인 코스라 부른다.

티 그라운드(Tee Ground)

처음 티 샷(Tee shot)을 하는 장소로서, 보통 이곳에서 드라이버로 티샷을 한다. 자신의 성별과 수준에 따라 티 그라운드 장소를 정해야 한다. 보통 백 티(Back Tee)에서는 싱글(Single) 수준 이상의 골퍼들이 쳐야 하며, 레귤러티(Regular Tee)에서는 남성이 레이디 티(Lady Tee)에서는 여성이 하는 것이 불문율이다.

페어웨이(Fair Way)

티그라운드(Tee Ground)에서 그린까지 약 55m 폭으로 띠와 같이 잔디를 깎아 공을 치기 쉽게 손질해 놓은 공간을 말한다. 페어웨이(Fair Way)를 벗어나면 풀이 긴 러프(Rough)가 있고 러프 바깥쪽에는 OB말뚝이 있다. OB 말뚝은 대부분 흰색으로 표시되어 있으며 이 곳을 벗어나면 벌타 2개가 주어진다. 페어웨이 안에는 거리목이 있는 데, 거리목은 50m 간격으로 200m, 150m, 100m를 표시한다. 각각의 표시는 200m는 세 줄, 150m는 두 줄, 100m는 한 줄로 표시된다.

러프(Rough)

조잡하고 불량힌 지역이라는 뜻으로 페어웨이 바깥 부뷰을 뜻한다. 잡초, 저목, 수립 등으로 형성되어 있기 때문에 볼을 치기가 상당히 어렵다. 가끔 러프 안에 있는 공을 잃어버려서 벌타가 주어지기도 한다. 대부분의 러프지대는 대체로 그라운드의 바로 앞, 페어웨이의 양쪽, 그린의 뒤편에 있다.

해저드(Hazard)

볼이 해저드에 빠지면 벌타 1개가 추가된다. 워터해저드는 빨간색으로 표시를 하게 되며, 해저드 구역 안에 있어도 칠 수 있으면 클럽을 지면에 대지 않고 플레이(Play) 할 수 있다.

워터 해저드(Water Hazard)

호수, 늪, 연못, 개울, 수로 등을 워터 해저드라고 하고, 코스에서는 황색 또는 적색의 말뚝으로 표시한다. 워터 해저드로 떨어진 볼이 치기 불가능할 때 페널티 1개를 부과하고, 워터 해저드(Water Hazard) 뒤쪽에서 다음 샷(Shot)을 한다.

벙커(Bunker)

해저드(Hazard)의 일종으로 각 코스(Course)에 만들어진 인공사장의 장애물이다. 그 위치에 따라 크로스 벙커(Cross Bunker), 사이드 벙커(Side Bunker)라고 한다. 벙커는 각 코스별로 다양한 모양으로 있으며, 벙커샷(Bunker Shot)을 어떻게 하느냐 따라 경기 결과가 좌우되기도 한다. 벙커(Bunker)에서는 클럽(Club)이 절대로 지면에 닿아서는 안되며, 클럽이 지면에 닿을 경우에는 2벌타가 부여된다.

마운드(Mound)

페어웨이(Fair Way)나 벙커(Bunker) 주위에 약간 높게 흙을 쌓아 올려 플레이(Play)를 복잡화시키는 것으로 큰 마운드는 작은 동산 정도이고, 작은 것은 산소만 한 것도 있다.

그린

홀(Hole)이 있는 주변 지역으로 여기서는 볼을 치지 않고 굴려서 넣어야 한다. 볼(Ball)의 회전이 좋도록 잔디가 잘 깎여있다. 홀의 지름은 약 11㎝, 깊이는 약 10㎝의 원통이 있으며, 깃대가 꽂혀있다. 그린 중앙이나 가장자리에 홀이 있으며 하나의 그린으로 구성된 원그린시스템(One Green System), 두 개의 그린인 투 그린시스템(Two Green System) 등으로 구분된다.

아웃 오브 바운즈(Out Of Bounds)

보통 오비(OB)라고 말하며, 코스(Course)의 경계 밖을 말한다. 코스의 경계에는 흰색 말뚝이나 울타리로 표시되어 있다. 이곳에 공이 들어가게 되면 1벌타를 부과하고 원래의 위치에서 다시 시작한다.

그늘집

18홀의 구성

골프(Golf)의 18홀(Hole)은 파3홀과 파4홀, 파5홀로 구성되어 있다. 파3홀, 파4홀, 파5홀을 모두 합쳐서 18개의 홀이 되며 기준타수는 72타이다. 이 기준 타수는 모든 홀에서 파를 잡았을 때 나오는 스코어(Scose)이며, 72타보다 낮으면 언더파(Under Par), 높으면 오버파(Over Par)이다. 정확히 72타를 맞추면 이븐(even)이라고 표현한다.

파3홀(Par 3 Hole)

이 홀(Hole)에서 남자는 229m 이하, 여자는 192m 이하로 구성된다.

보통 18홀 중에서 아웃 코스에 두 개 홀, 인 코스 홀에 두 개 홀이 있고, 세 번의 샷(Shot)으로 홀인(Hole In)을 하면 파가 된다. 파3홀에서 한 번의 티샷(Tee Shot)으로 홀에 넣게 되는 것이 '홀인원(Hole In One)'이다.

파4홀(Par Four Hole)

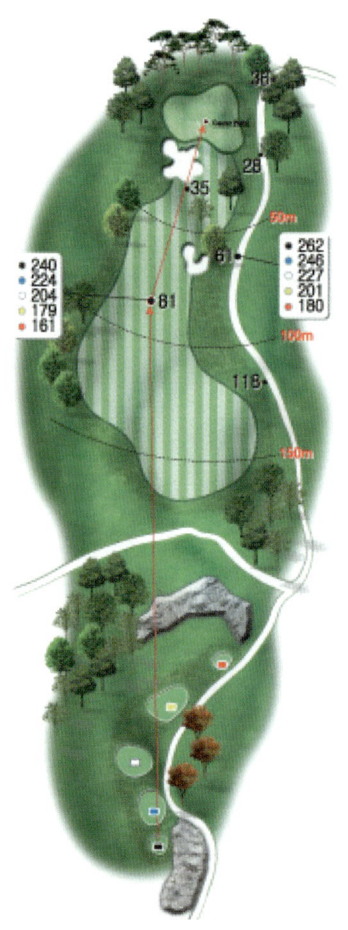

남자의 경우, 230~430m 이하이며 여자의 경우엔 190m~336m 이하의 거리를 갖고 있다. 이 홀(Hole)은 티 샷(Tee Shot)을 페어웨이(Fair Way)에 넣

은 후에 세컨드 샷(Second Shot)으로 그린(Green)을 공략한다. 보통 10개의 홀이 파4홀로 구성되어 있고, 두 번째 샷(Shot)이 홀 안에 들어가게 되면 '이글(Eagle)'이라고 한다.

파5홀(Par Five Hole)

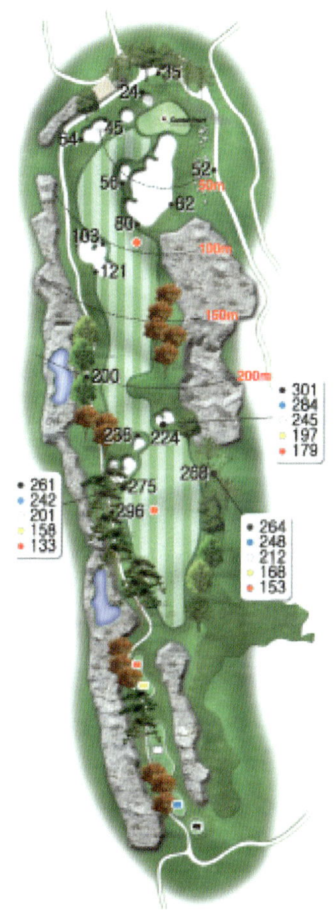

남자의 경우, 431m 이상이며 여성은 367m~526m 이하의 거리이다. 티 샷(Tee Shot)을 날린 후에 세컨드 샷(Second Shot)과 서드 샷(Third Shot)을

해서 그린에 올라갈 수 있도록 구성되어 있다. 보통 네 개의 홀이 아웃코스와 인코스에 나눠져서 구성되어 있다. 만약 파5홀에서 두 번만에 넣는다면 이는 앨버트로스(Albartross)이다.

2) 골프용품

골프(Golf)는 개인 스포츠(Sports)이다. 그렇기 때문에 자신에게 맞는 용구를 잘 선택해야 한다. 자신에게 맞는 무게, 그립(Grip)감을 찾는 것이 중요하다. 클럽은 초기에 주로 물푸레나무가 쓰이다가 최근에는 티타늄(Titanium)을 사용한다. 시대가 변하고 기술이 좋아지면서 고강도의 소재를 사용하고 있다. 최근에는 티타늄에서 다른 금속물질을 삽입한 베타티타늄(Betatitanuim)까지 나오고 있다.

클럽(Club)

골프(Club)를 시작하기 위해서는 클럽이 필요하다. 클럽은 1세트(Set)가 14개이며, 한꺼번에 구입하기보다는 자신의 실력에 따라 2~3개의 클럽을 우선 구매하는 것이 좋다. 클럽의 종류가 많은 이유는 볼(Ball)을 치는 목적이 다르기 때문이며, 크게 우드(Wood)와 아이언(Iron), 퍼터(Putter)로 구성된다. 우드는 멀리 보내는 것이 주 목적이고, 아이언은 정확하게 치기 위한 것이며, 퍼터는 홀 안에 넣기 위해서 볼(Ball)을 구리는 용도로 사용한다. 각각의 목적에 따라 클럽을 자유자재로 이용할 수 있어야 한다.

우드 클럽(Wood Club)

클럽의 헤드(Head) 부분이 나무로 되어 있는 것을 말한다. 로프트(Loft)가 적은 것부터 순차적으로 번호가 매겨져있다. 보통 다음과 같은 호칭으로 부른다.

1번	드라이버(Driver)
2번	브러시(Brush)
3번	스푼(Spoon)
4번	버피(Buffy)
5번	크리크(Creek)

아이언 클럽(Iron Club)

클럽(Club)의 헤드(Head) 부분이 금속으로 되어있는 것으로 1번부터 9번까지 있다. 각각의 아이언(Iron)은 로프트(Roft) 각도에 따라 번호가 매겨지며 번호가 높을수록 로프트의 각도가 커지는 것을 볼 수 있다. 아이언은 번호당 4도 정도의 차이가 나며 통상적으로 7번 아이언이 36도의 로프트 각을 갖고 있다. 로프트 각도가 적을수록 백스핀(Back Spin) 량이 적고, 공의 탄도도 낮으며 공은 멀리 간다. 반대로 로프트 각도가 높으면 백스핀량이 많고, 공의 탄도가 높으며, 비거리가 짧다.

아이언의 번호별 명칭은 다음과 같다.

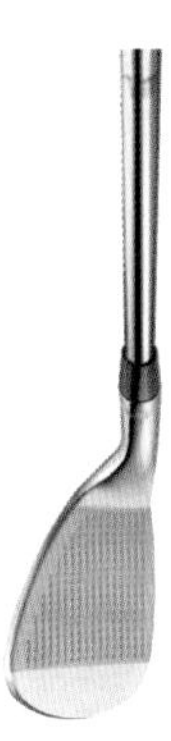

1번	드라이빙 아이언(Driving Iron)
2번	미드 아이언(Mid Iron)
3번	미드 매시(Mid mashie)
4번	매시 아이언(Mashie Iron)
5번	매시(Mashie)
6번	스페이드 매시(Spade Mashie)
7번	매시 니블릭(Mashie Niblick)
8번	피처(Pitcher)
9번	니블릭(Niblick)
P/W	피칭웨지(Pitching Wedge)
S/W	샌드웨지(Sand Wedge)

클럽(Club)의 부분 명칭

모든 클럽(Club)이 사용하는 명칭은 동일하다. 손으로 잡는 부분을 '그립(Grip)'이라 하며, 공을 치는 부분을 '헤드(Head)'라고 한다. 헤드와 그립을 이어주는 것을 '샤프트(Shaft)', 샤프트와 머리의 연결지점을 '넥(Neck)'이라고 한다. 공을 칠 때, 공과 닿는 접점지역은 '페이스(Face)'라고 하고 샤프트에서 먼 곳을 '토우(Tow)' 가까운 곳을 '힐(Heel)'이라고 부른다. 마지막으로 '숄(Shawl)'은 페이스의 아랫면으로서 땅과 맞닿는 면을 말한다. 이 명칭은 우드(Wood)와 아이언(Iron), 퍼터(Putter)에서 동일하게 사용되기 때문에 알아두면 좋다.

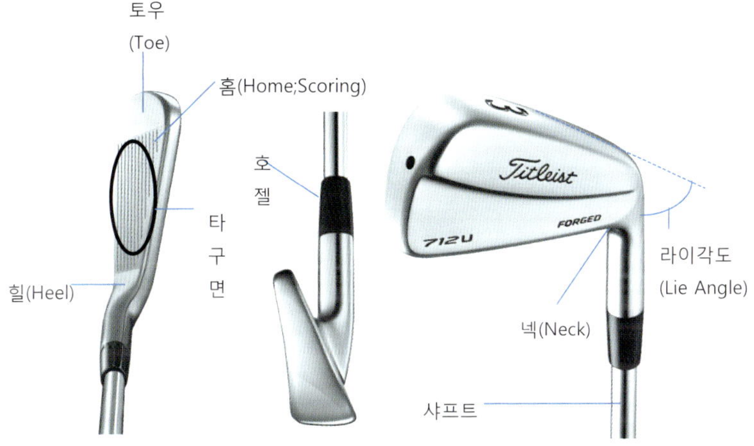

좀 더 자세한 명칭을 보면 다음과 같다. 설명을 쉽게 하기 위해서 아이언의 헤드를 예를 들어 설명하도록 하겠다. 추가된 부분은 호젤(Hosel)인데 호젤은 헤드와 샤프트를 연결하는 부분이다. 보통 오래 사용한 샤프를 교체하는 경우가 생기는 데, 이는 호젤이 헐거워졌기 때문이다. 다음은 스코어링(홈)이다. 클럽으로 공을 칠 때, 공을 멀리 보내기 위해서는 공에 백스핀(Back Spin)이 필요한데, 이를 이해 지면과 평행한 방향으로 홈을 파서 백스핀이 많이 생기도록 하는 것이다. '라이(Ray)각'은 전면에서 봤을 때 지면과 샤프트의 각도를 말하며, 키가 큰 분이나 업라이트(Up Right)한 스윙(Swing)을 하는 사람은 라이각이 좀 큰 것이 유리하고, 키가 좀 작거나 플랫(Flat)한 스윙을 하는 사람은 라이각이 작은 것이 유리하다.

퍼터(Putter)

퍼터(Putter)의 사전적 정의는 '로프트(Roft)가 없고 주로 짧은 모양에 평평한 표면이 있는 아이언 클럽(Iron Club)'으로 홀(Hole)을 향해 퍼팅(Putting) 그린(Green) 너머로 공을 굴리는 데 사용하는 것이라고 나와있다. 사전에 나온 것처럼 퍼터는 그린에서 홀에 공을 넣기 위해 사용한다. 공을 굴리기 좋게 설계되어 있으며, 최근 다양한 종류가 등장하면서 골퍼들이 자신에게 맞는 퍼터를 고를 수 있게 되었다.

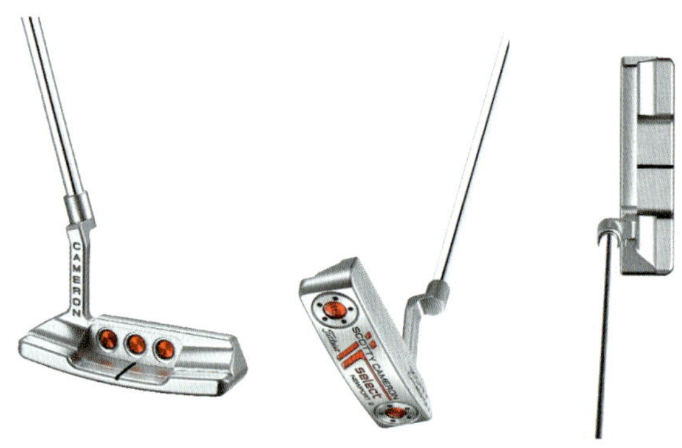

3) 골프 경기 방법

골프는 간단하게 말해서 최소의 타수로 18홀(Hole)을 마친 사람이 승리하는 게임(Game)이다. 즉, 1전 티(Tee)부터 볼(Ball)을 쳐나가 그 홀의 그린(Green)에 있는 구멍에 볼을 넣는다. 이것을 차례로 각 홀에서 되풀이하고 최후에 그 타수를 계산하여 그 수가 가장 적은 사람이 승자가 되는 것이다. 이러한 경기의 종류에는 스트로크 플레이(Stroke Play), 매치 플레이(Match Play), 어겐스트 파(Against Par), 낫소(Nassau) 등이 있으며, 이를 세분화하면

30 종류나 된다. 이 중에서 가장 많이 즐기는 것은 스트로크 플레이(Stroke Play)이고 그 다음이 매치 플레이이다. 이 두 가지 경기가 골프 경기의 기본이 되며, 초보자는 이 두 가지 경기 방법에 대해서는 제대로 이해해야 한다.

스트로크플레이(Stroke Play)

가장 일반적인 경기 방법으로 메달 플레이(Medal Play)라고 한다. 각 홀(Hole)의 타수를 합산하여 최소 타수인 사람이 이기는 것으로 많은 사람이 함께 할 수 있다. 예를 들어, 18홀의 스트로크 플레이(Stroke Play)라고 한다면 가장 타수가 적은 사람이 승자가 되는 것이다. 이 경우에 헛스윙도 타수로 포함되므로 조심해야 한다.

스트로크 플레이에서 모든 홀(Hole)의 총 타수를 합쳐서 계산하는 것을 '스크래치 플레이(Scratch Play)'라 하고 총 타수에서 플레이어(Player)의 핸디캡(Handcap)을 뺀 나머지 타수로 성적을 정하는 것을 언더 핸디(Under Handy)의 경기라고 한다. 골프(Golf) 용어로는 총 타수를 gross라 하고 핸디캡을 빼낸 나머지의 수를 'net'리라고 한다. 핸디캡이란 기량의 차를 없애고 밸런스를 맞추기 위한 것으로 이렇게 하면 기량이 달라도 비슷하게 경기를 할 수 있다. 핸디캡은 그 골퍼(Golfer)가 소속된 클럽(Club)에서 정하며, 골퍼가 코스(Course)를 플레이(Play)하며 돌아왔을 때의 스코어(Score)를 종이에 적어서 클럽의 핸디캡 위원에게 전달한다. 이것을 몇 번 반복하면 위원이 스코어의 평균치를 합산하여 핸디(Handy)를 계산한다. 또한 소속 클럽에 따라 캘러웨이(Callaway) 방식이나 페리어(Perio) 방식의 산출법으로 핸디캡을 정하기도 한다.

매치 플레이(Match Play)

매치플레이(Match Play)는 모든 홀(Hole)의 총 타수로 정하는 것이 아니라 각 홀마다의 타수로 승패를 정한다. 홀 매치(Hole Match)라고 부르기도 한다. 이는 한 홀에서 타수가 적은 쪽이 그 홀의 승자가 되며 타수가 같을 때는 무승부가 된다. 스트로크 플레이(Stroke Play)에 비해 박진감 넘치는 경기를 할 수 있다.

예를 들어, 두 명의 골퍼(Golfer)가 경기를 한다고 했을 때, A가 B를 이기면 1업(Up)이라고 표현하며 B는 A의 1다운(Down)이라고 말한다. 이렇게 서로 이기고 지는 홀을 상쇄해가면서 산출하고 이긴 홀이 많은 사람이 최종적으로 승자가 된다. 매치 플레이에는 1인 대 1인으로 하는 것 외에 1인 대 2인이 하는 스리섬(Three Some), 2인 대 2인이 하는 포섬(Four Some) 등 여러 가지 방법이 있다.

어겐스트 파(Against Par)

스트로크 플레이(Stroke Play)와 매치 플레이(Match Play)를 혼합한 것이다. 형식은 매치 플레이와 비슷하지만 룰은 스트로크 플레이를 따른다. 각 혹의 표준 타수(파)에 맞게 플레이한 결과로써 승패를 나눈다. 즉, 각 홀에서의 스트로크 수가 파보다 적은 경우 승리하며 같은 경우엔 무승부, 많은 경우엔 패배로 규정한다. 각 홀에서의 업과 다운의 수를 산출하여 업수가 많은 쪽이 지는 것이다.

낫소(Nassau)

예전부터 내려오는 골프(Golf) 내기의 일종으로서 18개 홀(Hole)을 전반, 후반, 합계 등 셋으로 구분해서 각각의 승패를 겨눈다. 스트로크 플레이(Stroke Play)나 매치 플레이 모두 적용할 수 있다. 이것도 언더 핸디캡(Under Handcap)으로 겨룬다. 한 홀(Hole)마다 스코어(Score)를 염려하지 않아도 되므로, 전반에서 잘못했더라도 후반과 합계에서 만회할 수 있다는 점이 흥미롭다. 전반, 후반, 합계 등 각각에 볼(Ball) 하나를 걸면 '원 볼 낫소(One Ball Nassau)'가 된다.

4) 골프장의 종류

골프장의 종류는 다음과 같다 형태별 종류에 따라 골프장을 분류할 수 있다.

우선, 대중(Public) 골프장은 모든 골퍼들이 이용할 수 있다. 대중골프장은 크게 대중골프장, 일반 대중골프장, 간이 골프장으로 나뉜다. 퍼블릭 골프장은 정규 코스 외에도 9홀, 36홀 등의 코스가 있어서 골프에 처음 입문한 사람들이 많이 이용한다.

회원제(Private) 골프장은 회원이 우선적으로 예약할 수 있다. 주로 회원제로 운영하며, 회원권 구매를 통해 이용할 수 있다. 우리나라의 대부분 골프장은 회원제로 운영하고 있으며, 최근 골프의 대중화로 인해서 대중골프장이 많이 생겨나고 있는 추세이다.

3 골프 스윙(Golf Swing)

골프 스윙(Golf Swing)은 총 8단계로 구분된다 첫 단계는 준비 자세인 어드레스(Address)이고, 2단계는 클럽(Club)을 위로 들어 올리는 테이크 어웨이(Take Away), 3단계는 몸을 비틀기 위한 백스윙(Back Swing), 4단계는 백스윙의 정점인 백스윙 탑, 5단계는 볼을 치기 위한 다운 스윙(Down Swing), 6단계는 볼이 클럽에 맞는 임팩트(Impact), 7단계는 팔로스루(Follow Throw), 그리고 8단계는 피니시(Finish)라고 할 수 있다.

1) 풀스윙(Full Swing)

위의 8단계를 한 번에 하는 것을 풀스윙(Full Swing)이라 한다. 어떤 단계에서도 끊기지 않고 자연스럽게 연결되는 것을 뜻한다. 클럽(Club)을 원심력에 의해 원을 그리듯이 자연스럽게 움직이면 간단하게 스윙(Swing)이 만들어진다. 하지만 풀스윙은 말처럼 쉽지가 않다. 각 구간별로 연습을 해야 되며, 각 단계별로 유기적으로 연결시켜야 한다.

그립(Grip)

그립(Grip)이란 골프(Golf)의 클럽(Club)을 잡을 때의 방법이다. 골프 클럽을 잡는 방법에 따라 스윙(Swing)이 크게 달라지며 골프 실력 향상도 결정된다. 그립은 스윙의 가장 기본이 되는 부분으로서 그립을 쥐면서 어떻게 볼을 칠 것인지 정해야 한다. 그립을 잘못 잡게 되면 실력 향상이 어려울 수 있다.

그립은 여러 가지 종류가 있는데 그중에서 대표적으로 오버래핑(Overlapping) 그립, 인터로킹그립(Interlocking Grip), 내추럴 그립(베이스볼 그립)이 있다.

오버래핑 그립은 오른손의 새끼손가락을 왼손의 인지 위에 겹쳐서 쥐는 방법이다. 인터로킹 그립은 오른손의 새끼손가락과 왼손의 인지를 깍지 끼워 잡는 방법이며, 내추럴 그립 즉 베이스볼 그립(Baseball Grip)은 야구할 때 방망이를 쥘 때처럼 양손의 손가락을 모두 사용하여 잡는 방법이다. 일반적으로 많이 사용하는 그립은 오버래핑 그립이지만 자신에게 맞는 그립을 정해서 사용해도 된다.

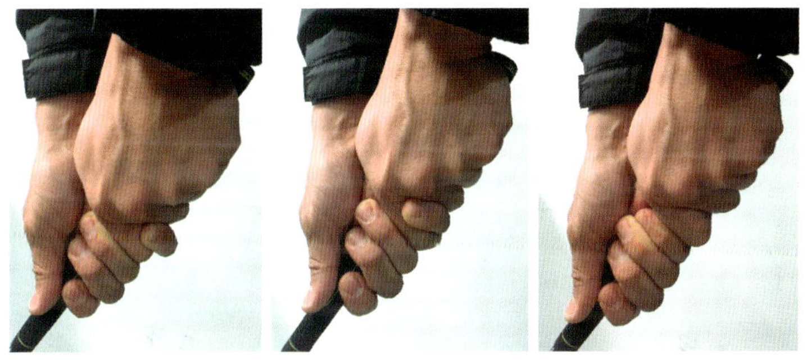

스탠스(Stance)

스탠스(Stance)란 볼(Ball)을 칠 때의 발 위치를 정하는 것을 말한다. 스탠스는 그립과 마찬가지로 스윙(Swing)을 하는 데 있어서 아주 중요하다. 스탠스가 나쁘면 볼의 방향이 자신이 생각한 대로 나아가지 않는 경우가 많다. 스탠스에서는 스퀘어 스탠스(Square Stance), 오픈 스탠스(Open Stance), 클로즈드 스탠스(Closed Stance) 이렇게 세 종류가 있는 데 주로 스퀘어 스탠스가 기본으로 되어 있다.

스퀘어 스탠스는 양발을 벌리고 발끝의 선이 볼이 날아가는 방향과 평행하게 되도록 발을 놓는다. 양발의 간격은 체격에 따라 다르며 보통 어깨 너비 정도를 벌린다고 할 수 있다. 양발의 간격이 좁을수록 허리의 회적이 편해져서 볼을 멀리 치는 데 도움이 된다. 왼발의 발끝은 볼이 나아갈 방향을 향해 30도 정도 벌리고 오른발도 같은 각도로 벌린다. 이 스탠스는 발끝의 선이 볼의 진행방향과 평행으로 되어 있기 때문에 방향에 착각을 일으키지 않으며, 스윙(Swing)의 밸런스(Balance)가 좋은 이점이 있으므로 많은 골퍼(Golfer)가 즐겨 사용한다.

다음으로 오픈 스탠스가 있다. 오픈 스탠스는 왼발을 약간 뒤로 당기는 스탠스를 말한다. 이 스탠스는 일반적으로 많이 사용하지 않지만 슬라이스 볼(Slice Ball)을 치거나 어프로치 샷(Approach Shot), 벙커샷(Bunker Shot) 등을 할 때 사용한다.

마지막으로 클로즈드 스탠스이다. 이는 오픈 스탠스와는 반대로 오른발을 약간 뒤로 당기는 스탠스이다. 이는 허리회전이 좋지 못한 골퍼에게 좋다. 프로 골퍼 중에서 이 스탠스를 사용하는 골퍼가 있기도 한데 이는 비거리를 늘리기 위해서이다. 이 스탠스를 취하면 양발, 허리, 어깨의 선이 목표의 오른쪽으로 향하기 때문에 클럽 헤드는 인사이드 아웃(Inside Out)으로 빠진다. 비거리를 늘리기 위해 도전하는 골퍼들이 있는데 이는 자세를 망칠 수 있으므로 기본적으로 골프를 많이 쳐 본 후 시도를 해야 한다.

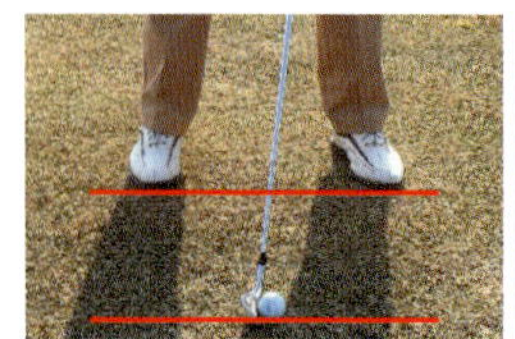
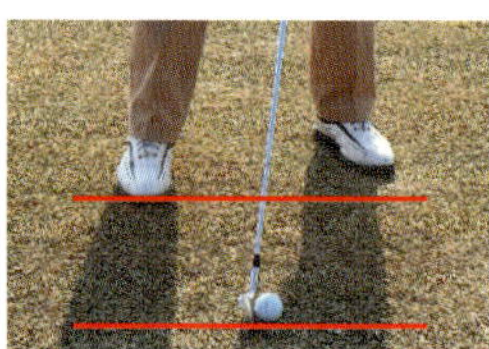

어드레스(Address)

어드레스(Address)란 볼(Ball)을 치기 위한 몸의 자세이다. 그립(Grip)과 스탠스(Stance)를 포함한 자세로 볼의 위치와 클럽(Club)에 따라서 드레스가 조금 차이가 있다. 어드레스에 있어서 그립과 스탠스는 아주 중요하다. 어드레스는 볼을 치기 위한 준비 자세이며, 준비 자세가 불안정하면 볼을 잘 칠 수 없다.

기본적인 어드레스에서는 양어깨, 양허리, 양발이 일치해야 하며, 목표와 평행의 관계로 되어 있지 않으면 볼을 치기가 쉽지 않다. 예를 들어, 슬라이스(Slice)라든가, 훅, 일직선 샷(Shot) 등 플레이의 목적이 다르더라도 어드레스가 중심을 잘 잡아줘야 한다.

우선, 그립을 잡고 스탠스를 취한다. 양팔을 가볍게 뻗고 어깨 높이까지 클럽을 세운다. 다음에 몸은 자연스럽게 편 채로 양발의 발목에서 상체를 굽히고 클럽을 땅에 놓는다. 무릎을 가볍게 구부린 채로 그립을 왼쪽 다리 안쪽으로 이동시킨다. 이 상태에서 왼팔은 가볍게 뻗고 왼쪽 팔꿈치와 왼손의 손등이 타구를 보낼 방향으로 향하게 한다. 그 후에 오른팔의 안쪽이 비스듬히 앞 방향으로 향하게 한다. 체중은 중앙에 집중되며 양발의 안쪽 부분에 같은 양의 힘이 가해지게 한다. 여기서 무게 중심은 엄지발가락과 발의 중앙 사이에 두어 안전성을 유지해야 한다. 앞뒤에서 사람이 가볍게 치더라도 넘어지지 않을 정도가 되어야 한다. 머리는 몸의 중앙에 두고 가볍게 두어야 한다.

백스윙(Back Swing)

볼(Ball)을 치는 단계 중에서 어드레스(Address) 자세에서 톱까지의 동작을 백스윙(Back Swing)이라고 한다. 대부분의 골퍼(Golfer)가 어드레스를 할 때 너무 긴장을 하기 때문에 백스윙을 시작할 때는 상체를 드는 경향이 있다. 이러한 부담을 덜기 위해서는 왜글(Waggle)을 하는 것이 좋다. 손목을 흔드는 것만으로도 훨씬 부드럽게 스윙(Swing)할 수 있을 뿐만 아니라 근육을 쓰는 것도 훨씬 수월하기 때문이다. 이렇게 샷(Shot)을 하기 전에 습관처럼 하는 행동을 프리샷 루틴(Freeshoot Routine)이라고 한다. 왜글을 한 후에 손에서 힘을 뺀 채로 가볍게 팔과 어깨를 이용해서 백스윙을 한다. 이것을 테이크 어웨이(Take Away)라고 한다. 처음 골프에 입문하면 티칭 프로(Teaching Pro)들이 테이크 백(Take Back) 혹은 테이크 어웨이를 강조할 것이다. 테이크 어웨이에서 가장 중요한 것은 몸통과 클럽이 떨어지지 않도록 하는 것이다. 몸통과 클럽(Club)이 다른 방향으로 움직일 경우에 문제가 생긴다. 그렇기 때문에 몸통과 클럽이 떨어지지 않도록 꾸준히 연습해야 한다. 이 연습을 위해서 클럽의 끝인 헤드(Head)가 배꼽과 멀어지지 않도록 연습하는 것이 필요하다. 클럽을 뒤로 뺄 때 진행하는 방향이 몸에서 멀어지거나 클럽이 너무 몸의 안쪽으로 움직이게 해서는 안된다. 정확한 스윙을 위해서는 양어깨를 중심으로 백스윙을 해야 하는데, 처음 골프를 시작한 사람에게는 쉽지 않다. 클럽 헤드가 바깥쪽으로 빠지는 경우가 많은데 이를 줄이기 위해서는 헤드가 오른발 앞까지 일직선으로 오게 하는 연습이 필요하다. 테이크어웨이를 할 때에는 클럽헤드가 열리거나 닫히면 안 된다. 다운 스윙(Down Swing)을 할 때 재현되는 동작이기 때문에 테이크어웨이 동작에서 흐트러지면 안 된다.

백스윙의 초기 단계에서는 손과 손목의 변화가 없어야 한다. 테이크 어웨이를 할 때에는 손목 코킹(Cocking)이 시작된다. 이때 클럽의 샤프트(Shaft)는 바닥과 수평을 이룬다. 이렇게 허리 높이부터 조금씩 손목을 굽히다가 백스윙 톱(Top)에서 완전히 굽혀진다. 이 손목의 각은 헤드 스피드(Head Speed)를 최대화해서 원심력을 효과적으로 발휘하게 한다. 여기서 코킹 타이밍(Cocking Timing)을 잘 못 잡으면 부상의 위험이 있다. 손목 코킹이 빨리 일어나면 스윙의 궤도가 정확하지 않게 되고, 늦게 일어나게 되면 코킹각이 미리 풀리면서 미스샷(Miss Shot)이 나올 수 있다. 따라서 백스윙 시에 손목 코킹을 적절하게 해야 한다.

백스윙이 클수록 다운스윙 할 때 몸이 풀리는 힘이 커진다. 이때 생기는 힘은 헤드의 스피드에 직접적인 영향을 미치기 때문에 비거리에 큰 영향을 미친다. 유연성과 힘이 좋은 프로는 정면에서 바라봤을 때 왼쪽 등이 보일 정도로 어깨 회전이 이루어져야 한다. 그러나 어깨 회전을 조절하기가 쉽지 않다. 처음 골프에 입문한 사람들의 경우에 어깨 대신에 허리를 돌리는 경우가 있다. 이를 보면, 어깨가 많이 돌아가 있기 때문에 좋은 자세인 것처럼 보이지만 허리가 같이 돌아가 있으므로 파워(Power)의 손실을 가져오는 경우가 많다. 또 다른 실수는 어깨회전이 일어나지 않는 경우다 어깨 회전에만 신경을 쓰다가 백스윙 할 때 상체와 함께 왼쪽 어깨가 내려가는 경우가 있다. 백스윙 할 때 클럽을 어깨에 평행하게 두고 원판 위에서 스윙하듯이 어깨회전을 연습하면 실수를 줄일 수 있다.

다음으로 백스윙을 할 때에는 체중이 왼발에 남으면 안 된다. 야구경기를 보면, 타자들이 공을 치기 위해서 왼발을 들었다가 지면에 내디디면서 볼을 치는 것을 볼 수 있다. 이 동작은 볼에 체중을 싣기 위해서 하는 것인데 골프도 이에 기초한다. 백스윙을 할 때, 체중이 오른쪽으로 이동했다가 쳐야 효과적으로 멀리 보낼 수 있다. 하지만 많은 사람들이 체중 이동에 실패한다. 체중 이동에 실패하면 볼을 멀리 보낼 수 없다.

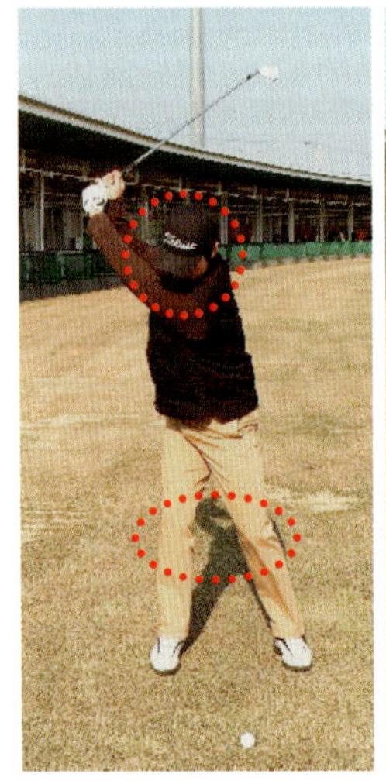

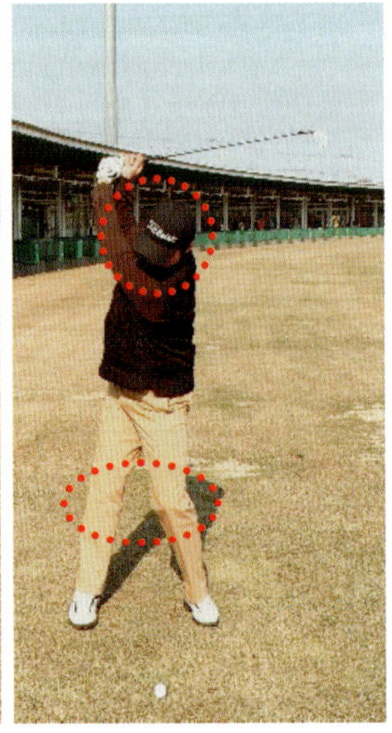

스윙을 시작하려면 반드시 몸 전체를 오른쪽으로 이동시켜야 한다. 체중이 오른쪽으로 실리도록 엉덩이, 어깨, 머리를 동시에 오른쪽으로 이동시킨다. 여기서 주의할 것이 있다. 많은 골퍼들이 머리를 고정시키려고 노력한다. 일명 헤드업(Head up)을 하지 않기 위함인데 이는 잘못된 상식이다. 머리를 고정하게 되면 체중이동 자체가 어렵다. 그렇기 때문에 머리 이동은 필수적이다. 물론 머리가 너무 많이 움직이면 스웨이(Sway)가 올 수도 있지만 이는 너무 많이 움직였을 때 발생하는 것이다. 통상적으로 얼굴의 반만큼 움직인다고 생각하면 된다.

반면, 머리는 움직이지만 엉덩이가 그대로 있어도 문제가 발생한다. 힘을 실어야 할 하체가 움직이지 않기 때문이다. 이를 해결하기 위해서는 엉덩이를 약간 오른쪽으로 움직여야 한다.

골프 선수들의 백스윙을 보면 평균적으로 1초 정도 걸린다. 이는 다운스윙에 비해 많은 시간을 할애하는 데 이만큼 백스윙의 중요성을 알 수 있다. 일정한 리듬과 템포로 백스윙을 하는 것이 중요하다. 백스윙의 톱에서 놀이공원의 바이킹을 생각하면 골프스윙의 궤도를 그리는데 수월하다. 바이킹을 타면 정점에서 잠깐 멈추는 것을 알 수 있다. 백스윙의 정점에서 여유를 갖고 힘있게 내려와야 한다.

이제 하체를 보자. 하체를 움직일 때 범하는 오류는 오른쪽 무릎이 바깥쪽으로 밀리는 것이다. 무릎이 밀리는 것은 하체가 버티지 못하기 때문인데, 이를 해결하기 위해서는 오른쪽에 벽이 있다고 생각을 하거나 줄을 그리고 그 선 밖으로 나가지 않게 해야 한다. 하체가 부드럽지 못하면 다운스윙을 하면서 볼의 뒷면을 칠 수도 있다. 그렇기 때문에 오른쪽 무릎에 신경을 써야 한다.

이제 백스윙에서 톱을 점검해야 한다. 톱은 백스윙 시에 정점에 도달한 것이라고 할 수 있으며 톱에서의 샤프트 방향은 타깃(Target)을 향해야 한다. 클럽 페이스가 45° 정도 열려있으면서 하늘을 향해 있으면 올바른 톱의 스퀘어 포지션(Square Position)이라고 할 수 있다. 샤프트가 목표 방향보다 약간 왼쪽으로 가 있는 것도 괜찮다. 훅이 나올 가능성은 있지만 오버스윙(Over Swing)은 아니므로 걱정할 수준은 아니다.

다운스윙(Down Swing)

스윙의 거리감과 정확성을 조정하는 것에 있어서 가장 중요한 단계가 다운스윙(Down Swing)이다. 다운스윙을 어떻게 시작하느냐가 샷(Shot)의 질을 결정한다. 백스윙(Back Swing)의 톱까지 부드럽게 진행됐다고 하더라도 다운스윙의 시작이 흐트러지면 좋은 샷이 나오지 않을 수 있다. 그만큼 다운스윙은 아주 중요하며, 많은 골퍼(Golfer)들이 힘을 너무 많이 사용하면서 문제가 생기기도 한다.

백스윙까지 올라간 리듬(Rhythm)을 이용하여 다운스윙을 하는 것이 가장 이상적이다. 혹자는 다운스윙은 반사적이며 반발적인 움직임이라고 말하기도 한다. 이는 세트업(Setup)과 정확한 궤도의 백스윙이 체중이동을 통해 이루어진다. 이 단계는 진행이 빠르기 때문에 결점을 발견하기가 어렵기 때문에 많은 연습이 필요하며, 초기에 자세를 잘 잡는 것이 중요하다.

스윙 중 가장 고난이도 기술이 다운스윙이다. 골퍼들의 수준이 다르기 때문에 모두 같은 리듬의 스윙을 배울 수는 없다. 골프에 처음 입문한 사람이 프로의 스윙을 보고 그대로 따라 할 수는 없다. 프로 선수들과 골프 리듬도 다를 뿐만 아니라 골프채의 무게, 신체구조도 다르다. 대부분 많은 프로의 스윙을 보면 파워풀(Powerful)하고 샷이 시원하다는 느낌을 받을 수 있다. 그리고 허리를 먼저 돌리라는 조언을 한다. 하지만 이는 초보에게 맞지 않고, 이를 먼저 배우게 되면 스윙 자체의 리듬이 깨질 수 있다. 그러므로 허리를 먼저 돌리기보다는 체중 이동에 대한 메커니즘(Mechanism)을 익혀야 한다. 다운 스윙할 때, 공의 목표방향으로 체중이동이 되도록 오른쪽 허리부분을 이동시켜야 한다. 오른손 잡이 기준으로 왼쪽에 벽이 있다는 생각으로 스윙을 하는 것이 좋다. 이는 허리가 옆으로 빠지는 것을 방지해주고 체중을 공에 실을 수 있게 한다. 이 연습은 거울을 보고 하는 것이 좋은데, 거울 속에 가상의 선을 만들고 그 밖으로 허리가 나가지 않도록 하는 것이 좋다. 나아가 캠코더(Camcoder)를 이용하여 내가 다운스윙을 할 때 어떻게 하는지 지속적으로 확인하는 것이 좋다. 다른 방법으로는 벽에 발을 대고 서서 벽을 향해서 다운스윙 동작을 연습하는 것도 좋다. 이때, 하체가 전부 벽에 닿도록 해야 한다.

백스윙과 다운스윙의 궤도는 같아야 한다. 만약 이 궤도가 다르다면 백스윙을 할 필요가 없다. 백스윙을 천천히 하는 이유는 그 궤도를 읽기 위함이며, 이 궤도와 다운스윙의 궤도가 일치하지 않으면 공은 골퍼가 원하는 방향으로 나아가지 않을 것이다. 볼을 강하게 치겠다는 의지 때문에 어깨가 먼저 떨어지거나 샤프트(Shaft)가 돌아 나오는 경우가 있다. 이는 초보들이 가장 많이 하는 실수이며, 불안정적인 스윙이 나오는 이유이다. 처음에 볼이 잘 맞지 않더라도 스윙의 궤도를 일치시키는 연습이 필요하다.

다운스윙을 할 때는 내가 백스윙을 어떻게 하는지 되뇌어야 한다. 지금까지 배웠던 백스윙의 메커니즘을 잘 이행했다면 다운스윙은 이 궤도만 따라가면 된다. 백스윙을 할 때의 힘을 이용하여 다운스윙을 한다면 비거리는 상당히 많이 나온다.

많은 사람들이 백스윙을 할 때는 힘을 빼고, 다운스윙할 때 힘을 많이 주는 경우가 있는데, 이는 정확한 임팩트(Impact)를 만들기 어렵게 한다. 그렇기 때문에 반대로, 백스윙의 힘을 이용하여 치겠다는 생각을 해야 한다. 즉, 몸통의 꼬임을 풀어서 치는 형식의 몸통회전을 중심으로 한 골프 샷을 구사하는 것이 바람직하다.

골프의 스윙은 원심력 운동이라고 생각하면 쉽다. 백스윙 탑에서 골프의 헤드(Head)가 움직이기 시작하는 순간부터 원운동이 시작된다고 마음속으로 생각하라. 골프헤드와 함께 허리운동이 시작되면서 원을 그리는 것이다. 여기서 원심력을 크게 하기 위해서는 상체를 최대한 고정시키고 코킹(Cocking)을 이용하여 헤드에 힘을 실어주어야 한다. 허리를 돌리면서 치려고 하기보다는 손목을 이용하여 임팩트까지 진행해야 한다. 여기서 클럽헤드의 회전속도를 증가시키면서 몸을 자연스럽게 풀어주면 된다. 만약, 백스윙과 다운스윙의 궤도가 맞지 않다고 느껴지면 백스윙 연습을 잠깐 하는 것이 좋다. 이 연습이 시각적으로 큰 도움이 될 수 있으며, 스윙의 궤도를 익히는 데도 큰 도움이 될 수 있다.

스윙을 하는 모든 운동은 허리를 이용한다. 골프와 가장 비슷한 스윙 메커니즘을 가진 야구도 허리 회전을 이용하여 스윙을 한다. 그래서 야구를 했던 사람들이 골프를 쉽게 배우는 경향이 있다. 그러나 주의해야 할 점은 과도하게 허리를 사용하는 것이다. 지나친 허리 사용은 허리 건강에 좋지 않다. 그래서 많은 골퍼들이 허리 통증으로 병원을 찾기도 한다. 허리를 미리 돌리거나 과도하게 돌리면 허리에 무리를 주게 되고 부상으로 이어진다. 또한, 허리 회전이 불안정하게 이어지면 클럽헤드가 열리게 되고 슬라이스(Slice)가 유발된다.

이와 같은 허리회전을 막기 위한 연습이 필요하다. 가장 쉽게 할 수 있는 방법은 임팩트 후에 오른발을 들어보는 것이다. 허리회전이 심하게 일어나면 공을 치기도 전에 오른발이 떨어지는 것을 볼 수 있다. 그렇기 때문에 오른발을 땅에 고정시키고 임팩트 후에 오른발을 떨어뜨리는 것을 연습하면 과도한 허리회전을 방지할 수 있다.

두 번째 간편한 방법은 켄 벤츄리(Ken Venturi) 방법이다. 의자를 놓고 하는 것인데 왼발의 바깥쪽에 의자를 놓고 의자가 밀리지 않도록 연습하는 것이다. 다운스윙은 측면이동과 회전으로 일어나는 것이다. 여기서 회전이 너무 빨리 일어났을 때, 허리를 과도하게 사용하게 되는 것이다. 이렇게 과도한 사용을 줄이기 위해서는 임팩트할 때 왼쪽의 엉덩이가 어떻게 움직이는지 봐야 한다. 만약 엉덩이가 의자에 닿지 않는다면 허리가 먼저 빠졌다는 것이다. 이 연습은 과도한 허리 회전을 막고 클럽 헤드가 열리지 않게 한다.

많은 골퍼들이 비거리가 파워에 의해 좌우된다고 생각한다. 그래서 연습장에서 많은 골퍼들을 보면 골프 스윙을 상당히 힘들어하는 것을 볼 수 있다. 그러나 비거리를 힘보다는 기술과 정확한 임팩트에 의해 결정된다. 이를 위해서 가장 중요한 것은 백스윙과 다운스윙의 궤도가 같아야 한다는 것이다. 이를 위해서는 힘과 기술이 정확히 배분되어야 한다. 지나치게 힘에 의존하면 스윙은 흐트러진다.

아마 골프를 하면 "힘을 빼라"라는 이야기를 많이 들을 것이다. 그만큼 스윙에서 힘을 빼는 것은 어렵다. 내가 약하게 치면 공이 멀리 나가지 않을 것 같기 때문이다. 그래서 우스갯소리로 힘 빼는 데만 3년 걸린다는 이야기가 있다. 그러나 힘을 빼고 기술에 의존하면 비거리는 더 많이 나올 것이다. 힘을 빼는 데 여러 가지 연습법이 있지만 그중에 몇 가지만 소개를 하겠다.

먼저, 공을 멀리 보내려고 하기보다는 보내고자 하는 곳에 정확하게 치겠다는 생각과 부드러운 스윙을 하겠다는 생각을 해보는 것이 좋다. 내가 200야드를 넘기겠다는 것보다는 저 방향으로 보내겠다는 생각이 좋다. 그리고 비거리를 확인하지 않는 것도 좋다. 왜냐하면 비거리가 내가 생각한 것보다 나오지 않으면 그 다음 샷에서 더 힘이 들어가기 때문이다. 가끔 야구에서 투수들이 자신의 구속을 확인하지 않는 연습법을 택할 때가 있다. 이유는 구속에 의존하게 되면 제구가 흔들리거나 자신이 공이 빠르다는 자신감 때문에 공에 체중을 싣지 않는 경우가 생기기 때문이다. 이와 마찬가지로 골프에서도 비거리에 의존하기보다는 정확성에 의존하는 것이 좋다.

다음으로, 손목의 코킹으로만 스윙을 하는 것이다. 이는 손목의 힘을 이용하는 법을 터득할 수 있을 뿐만 아니라 부드러운 스윙이 나올 수 있다. 힘을 주게 되면 코킹이 일찍 풀리는 경우가 있는 데 이를 방지할 수 있다.

마지막으로, 모든 스윙 동작을 부드럽게 연결시키는 연습을 해야 한다. 스윙을 하는 데 걸리는 시간은 2초 이내다. 지금까지 이를 분할해서 생각했지만 백스윙과 다운스윙이 부드럽게 연결될 수 있도록 해야 한다. 이 연결이 부드럽게 되어야 힘을 자연스럽게 실을 수 있다.

넷째로, 체중을 볼에 싣는 연습을 해야 한다. 체중을 싣는 것이 비거리를 늘릴 수 있는 방법이다. 파워를 늘리기보다는 스윙을 이용하는 방법을 익혀야 한다.

코킹을 익히기는 쉽지 않다. 손목을 임팩트 전에 돌리거나 코킹이 먼저 풀리면서 제대로 된 샷이 나오지 않을 수 있다. 이를 위해서 간단한 훈련법을 소개하고자 한다.

그립 끝에 티를 꽂고 연습하는 것이다. 코킹을 할 때, 이 티가 볼을 향하도록 연습하는 것이다. 다운스윙할 때, 티가 볼이 아닌 다른 곳에 향해있다면 코킹이 미리 풀려버린 것이다. 이 코킹각을 잘 유지한다면, 릴리스를 할 때 가속도가 붙으면서 헤드 스피드가 빨라지는 효과를 볼 수 있다.

임팩트(Impact)

골프(Golf)는 공을 치는 스포츠(Sports)이다. 당연히 공을 치는 '임팩트(Impact)' 순간이 중요하다. 강한 임팩트가 공을 잘 치고 못 치는 것을 구분한다. 백스윙(Back Swing)과 다운스윙(Down Swing)이 좋더라도 강한 임팩트가 없다면, 공을 제대로 치기가 어렵다. 이 임팩트를 위해서 지금까지 백스윙과 다운스윙을 배운 것이다.

과거 골프 교재를 보면, 임팩트와 어드레스(Address) 자세는 일치한다라는 것을 볼 수 있다. 하지만 최근 골프이론에서는 조금 변형되었다. 왜냐하면 어드레스는 정적인 자세인 반면에 임팩트는 동적인 자세이기 때문이다. 또한, 가장 큰 차이는 체중이동이다. 임팩트 순간에는 체중을 실어서 공을 치는 것이 중요하기 때문에 어드레스와는 차이가 있다. 하지만 어드레스와 임팩트의 공통점이 있는 데 이는 '머리'의 위치이다. 아마 골프를 배우다 보면 "헤드업(Head up)을 하지 말라"라는 이야기를 많이 들었을 것이다. 헤드가 고정되어 있어야 하는 것이 어드레스와 임팩트의 공통점이다. 만약, 여기서 머리가 고정되어 있지 않고 움직인다면 정확한 임팩트를 만들 수 없다. 모든 구기 종목의 공통점은 임팩트 순간에 나타난다. 축구의 경우에도, 축구선수가 공을 찰 때 시선은 공을 향해 있다. 임팩트 순간을 지켜봐야 하며 머리는 고정되어 있어야 한다. 머리가 고정되어 있지 않고 움직인다면 공이 받는 충격이 약해질 것이다. 만약 머리가 아래로 움직인 상태에서 볼을 때리게 되면 볼보다 뒤쪽의 위치에 임팩트가 형성되고, 머리의 움직임이 위를 향한다면 볼의 위쪽 부분을 가격하게 되어 탑핑이 날 수 있다. 따라서 머리의 높낮이와 좌우로 형성되는 것을 최대한 억제하며 임팩트 되어야 할 것이다. 어드레스와 임팩트의 또 하나의 공통점은 어깨다. 임팩트할 때, 어깨보다 허리가 앞으로 나가 있는데 허리부분이 회전하면서 회전력을 통해 힘이 증대되기 때문이다.

여기서 임팩트와 어드레스가 같다는 것을 생각해 볼 필요는 있다. 임팩트와 어드레스가 완전히 같을 수는 없지만 어드레스의 느낌을 가져가라는 점은 되새겨야 한다. "임팩트 순간에 어드레스를 재현하라"라는 말을 명심하면서 스윙한다면 좋은 결과가 나올 것이다.

파워(Power)를 증대시키는 것은 체중을 얼마나 공에 실을 수 있는가이다. 파워를 실을 수 있는 가장 좋은 방법은 '직선'이다. 스키(Ski)타는 것을 보면, 곡선으로 내려오는 것보다 직선으로 내려오는 것이 에너지를 더 많이 갖고 있는 것을 볼 수 있다. 여기서 착안하여 스윙하는 것이 좋다. 왼팔을 직선으로 쭉 피는 것이 공에 더 많은 체중을 실을 수 있다. 많은 사람들이 팔을 제대로 펴지 못 해서 스윙이 부자연스러운 경우가 있다. 팔을 곧게 펴는 연습을 통해 파워를 증대시켜보자.

먼저, 왼팔로 스윙하는 연습을 하는 것이다. 한 손으로 골프채를 잡고 스윙하면서 근력을 키울 수도 있고 팔을 직선으로 펴는 연습을 할 수도 있다. 또, 하체를 이용하지 않고 팔로만 스윙을 하는 사람에게 하체를 이용하는 방법을 배울 수 있다. 흔히, 머리를 고정시키면서 하체가 고정되는 경우가 있다. 하체와 함께 허리를 회전시키고 왼팔을 직선으로 곧게 편다면 많은 힘을 공에 실을 수 있다. 왼팔만으로 스윙하는 동안 임팩트만 신경 쓰는 것이 아니라 백스윙과 다운스윙을 함께 생각해야 부드러운 스윙이 나올 수 있다.

다음으로 임팩트를 정확하게 하는 연습이 있다. 분필을 이용하는 것이다. 분필을 갖고 매트 안쪽의 중앙에 선을 긋는다. 볼 없이 스윙을 하면서 분필로 그은 선을 지우는 것이다. 정확한 임팩트가 나오면 분필로 그린 선은 지워지게 된다. 이 연습법은 임팩트 순간까지 본인의 스윙을 볼 수 있게 하고 자세가 흐트러지지 않게 하는 효과가 있다.

임팩트 순간에 중요한 것은 공을 끝까지 보는 것이다. 자신이 치는 공을 끝까지 보는 것이 임팩트 순간의 정확성을 높일 수 있는 방법이다. 아마 많은 사람들이 자신이 친 공을 빨리 보고 싶은 마음에 고개를 돌리는 경우가 많다. 이는 허리가 빨리 회전하는 문제를 일으킬 뿐만 아니라 헤드가 열리면서 공이 슬라이스(Slice)가 난다. 하지만 공을 보고 싶은 마음을 잠깐 참고 임팩트 순간에 머리를 고정시킨다면 공을 더 멀리 나갈 수 있다. 욕심을 버리고 임팩트 순간을 보려고 노력하는 것이 임팩트의 효과를 극대화시키는 방법이다. 하지만 여기서 또 다른 문제가 발생하기도 한다. 머리를 지나치게 고정시킨 나머지 허리가 제대로 회전하지 못하거나 공에 체중을 싣지 못하는 것이다. 임팩트 순간 이후에 자연스럽게 고개를 돌려야 한다. 그래야만 허리 회전이 자연스럽고 스윙이 안정적으로 보일 수 있다. 임팩트 후에는 헤드업을 통해 자신이 친 공을 바라봐야 한다. 만약 이것이 어렵다면 공보다 2초 정도 앞을 쳐다보는 것도 좋은 방법이다.

팔로우스로우(Follow Throw)

임팩트(Impact)부터 피니시(Finish)까지 이어지는 동작을 '팔로우스로우(Follow Thros)'라고 한다. 많은 골퍼들이 임팩트 이후의 동작을 간과하는 경우가 있다. 하지만 공을 쳤다고 해서 끝이 아니다. 팔로우스로우를 어떻게 하느냐가 공의 구질을 결정하기도 한다. 팔로우스로우까지 염두에 두고 스윙(Swing)을 해야 공에 더 많은 체중을 실을 수 있고, 클럽헤드(Club Head)의 스피드를 증강시킬 수 있다. 이렇게 해야 임팩트 순간에 힘이 줄어들지 않고 클럽헤드의 원심력을 지속시킬 수 있다. 임팩트 순간에 공을 맞히는 것에만 초점을 맞추지 말고 피니시까지 스윙을 해야겠다는 생각으로 스윙에 임해야 한다. 그러므로 팔로우스로우에서 헤드의 스피드가 더 빨라야 한다. 왜냐하면 가속도가 붙기 때문이다. 볼을 향해서 클럽 헤드를 던진다고 생각하면 가볍고 빠르게 스윙을 할 수 있다. 만약 팔로우스로우를 할 때에도 클럽의 스피드가 떨어지지 않는다면 비거리는 더 늘어날 것이다. 이는 확인할 수 있다.

클럽헤드를 던진다고 생각하라고 하면 골프 샤프트(Golf Shaft)를 앞쪽으로 밀어주는 경우가 있다. 하지만 이런 스윙은 좋지 않다. 동작이 부자연스러워지면서 푸시 샷(Push Shot)이 일어나거나 슬라이스(Slice)의 원인이 된다. 동작이 부자연스럽기 때문에 자연스럽게 스윙의 스피드는 떨어지고 비거리가 감소한다.

팔로우스로우를 가볍게 가져가기 위해서는 헤드가 10시 방향으로 돌아야 한다. 왼쪽으로 10시 방향으로 돌리는 것이 더 자연스럽고 내가 원한 방향으로 볼을 보낼 수 있는 방법이다. 팔로우스로우의 방향은 타깃 쪽을 향해야 하는 것은 몸의 신체구조상 어렵다. 만약, 이 방향을 고집한다면 허리 부상의 위험이 있다. 그러므로 골프 헤드를 10시 방향으로 두는 연습을 해야 한다.

피니시

골프에서 피니시는 골프 스윙의 마지막 동작이다. 피니시는 마지막 동작인 만큼 지금까지의 스윙의 오류를 확인할 수 있다. 그러므로 내 피니시 동작이 부자연스럽다면 스윙의 문제점을 캐치할 수 있다.

백스윙의 대칭으로 이루어지는 동작인 피니시는 백스윙의 톱을 다시 재현한다고도 한다. 피니시 동작은 클수록 좋다고 한다. 백스윙에서 양손과 머리가 떨어진 것처럼 피니시 동작에서도 양손이 머리를 향하기보다는 멀리 떨어져 있어야 한다. 이 모습이 더 자연스러워 보이며 몸의 중심을 잡기도 편하다. 피니시 동작에서는 하체가 중요하다. 만약 오른쪽 무릎이 펴져있다면 당장 고쳐야 한다. 이는 자세가 안정적이지 않다는 증거이며, 오른쪽 무릎을 구부린 채로 왼다리와 붙어야 한다.

그리고 피니시 동작에서 몸을 지나치게 뒤로 젖혀서는 안된다. 과거에는 허리를 뒤로 굽히는 것이 좋다고 해서 몸을 C자형으로 만들라고 했으나 지금은 I자를 선호한다. 이 자세가 더욱 안정적인 뿐만 아니라 보기에도 좋다. 과거에는 몸의 회전보다는 힘에 의존했지만 지금은 회전력을 중시하므로 I자를 통해 몸의 회전을 극대화시키는 것이 좋다.

몸의 회전축이 안정되게 유지되고 이 축을 중심으로 상체 회전이 일어났을 때, I자가 나타나며 가장 이상적인 피니시 모습이다. 왼발을 축으로 하여 이루어져야 하지만 우측의 곡선도 유지해주어야 한다.

아마 피니시를 하면서 왼발이 밀리는 현상을 경험할 수 있을 것이다. 이는 허리가 빠지기 때문인데 이는 중급 골퍼에게도 나타나는 문제다. 이는 과도한 허리 회전 때문이므로 허리 회전을 갑작스럽게 하지 않고 왼쪽에 벽이 있다고 생각하고 샷을 하는 것도 좋은 방법이다.

골프(Golf)의 정석은 발이 땅에 닿아야 좋은 구질이 나온다는 것이다. 그러나 프로들의 스윙을 보면 오른발이 왼발 쪽으로 붙는 것을 볼 수 있다. 이유는 허리 회전이 빠르고 강하게 이뤄졌기 때문이다. 그러나 이 모습을 따라 할 필요는 없다. 내 몸에 맞게 허리를 회전하고 다리를 움직이는 것이 중요하다. 이를 따라 했다가는 발목 부상을 입을 수도 있다. 만약 오른발이 미끄러진다면 오른발 안쪽에 발을 고정시킬 수 있는 물건을 두는 것도 좋은 방법이다. 이는 반복 연습을 통해 해결할 수 있다.

어프로치 샷(Approach Shot)

어프로치 샷(Approach Shot)은 말 그대로 홀에 가까이 근접하게 치는 샷(Shot)을 말한다. 보통 필드(Field)에 나가면 두 번째 혹은 세 번째 샷이 어프로치 샷이 될 가능성이 크다. 어프로치 샷은 매우 감각적인 샷으로서 그린(Green)의 상태와 볼의 위치를 세밀하게 관찰해야 한다. 또한, 가장 창의적인 샷을 요구하기도 한다. 어떻게 칠 것인지에 대한 가장 많은 고민이 필요한 샷이다. 어프로치 샷은 피칭웨지(Pitching Wedge)나 샌드웨지(Sand Wedge)를 이용한다. 하지만 어프로치 샷은 자신에게 맞는 채를 이용하여 치면 된다. 여기서는 피칭웨지에 국한되어 설명하도록 하겠다. 실제로 어프로치 샷에 가장 많이 이용하기도 하며 연습하기도 수월하다. 또한, 다양한 채를 이용하여 어프로치 샷을 하는 것보다는 자신에게 맞는 한 가지 채를 이용하는 것이 좋다.

연습은 작은 거리부터 단계별로 늘려가는 것이 효과적이다. 몇 가지 구간을 정해서 연습하는 것도 추천한다. 각각의 기준을 정하는 것이 좋은 이유는 구간을 정하면 스윙의 크기가 달라지기 때문이다. 스윙은 20야드, 30야드, 50야드, 70야드, 100야드 등 5가지 구간을 정해서 하도록 하겠다.

먼저 20야드 스윙은 클럽이 지면에 닿은 채로 해야 한다. 만약 지면에서 헤드가 떨어지면 비거리가 더 많이 나올 수도 있다. 그리고 코킹(Cocking)을 빨리하거나 지나치게 힘을 많이 주면 내가 생각한 것보다 더 많이 공이 나갈 것이다.

두 번째로 30야드(Yard) 스윙은 양손이 허리띠까지 올라오게 한다. 30야드 정도의 어프로치 샷에서는 하체를 이용하는 것이 좋다. 왼팔과 샤프트가 V자가 되어야 한다. 흔히 코킹으로 인해 이 자세가 흐트러지는 데 주의해야 한다. 다운스윙을 하면서도 하체를 자연스럽게 움직여야 한다. 하체를 구부리거나 하체가 중심을 잡아주지 못하면 내가 원한 거리만큼 공이 나가지 않을 수 있다.

세 번째로 50야드에서는 하프스윙(Half Swing)을 한다. 백스윙(Back Swing)을 할 때에는 왼팔이 지면과 평행이 되도록 하고, 코킹도 자연스럽게 이루어지게 한다. 이때 하체를 고정시키는 것이 중요하다. 50야드부터는 공을 뜨게 하는 것이 중요하다. 하지만 이 때문에 공을 올리는데 집중하면 어퍼스윙(Upper Swing)이 나올 위험이 있다. 하체가 주저앉으면서 공이 높이 뜨는 것을 주의해야 한다. 또한, 실제로 필드에 나가면 어프로치 샷이 가장 어렵다. 필드가 평평하지 않기 때문인데, 이를 대비하며 공에 정확히 임팩트를 주는 연습을 해야 한다.

70야드에서는 피니시를 뺀 스윙만 한다. 70야드는 코킹이 되어 있는 상태에서 양손이 어깨 높이까지 올라가게 해야 한다. 하프스윙보다 조금 더 백스윙을 조금 크게 한다는 생각으로 하면 좋다. 정확성에 신경을 많이 쓰고 리듬감 있게 하는 것이 중요하다. 백스윙과 피니시가 대칭을 이루도록 스윙을 하는 것이 중요하다.

마지막으로 100야드는 풀스윙(Full Swing)이다. 보통 피칭의 비거리가 100야드가 나온다는 것을 감안했을 때, 풀스윙을 하는 것이 좋다. 여기서도 몸을 지나치게 젖히는 것을 주의하면 좋다. 이렇게 거리별로 스윙을 익혀두어야 필드에 나가서 비거리에 맞는 스윙을 할 수 있다.

어프로치샷은 강하게 치는 것이 아닌 정확하게 치는 샷이다. 대부분 드라이버의 비거리는 평균수준이다. 비거리가 더 많이 나온다고 해서 골프를 잘 치는 것은 절대 아니다. 당연히 어프로치샷 이후의 샷이 중요하다. 홀에 가까이 쳐야 그다음 샷부터 가능성이 크기 때문이다. 그리고 필드에서의 어려움은 거리가 정확히 표시되어 있지 않다는 것이다. 그렇기 때문에 정확성을 더욱 높여야 한다. 연습장에서 골프를 칠 때에는 구간마다 거리가 표시되어 있기 때문에 나의 샷을 가늠할 수 있다. 그러나 필드는 언덕도 있고, 해저드도 있다. 그렇기 때문에 거리를 측정하고 정확하게 치는 것이 중요하다.

어프로치 샷을 정확하게 하기 위해서는 클럽을 짧게 잡아야 한다. 클럽(Club)이 짧을수록 정확도가 높아진다. 공은 스탠스(Stance)에서 중앙보다 오른쪽에 두어야 한다. 그리고 스탠스를 좁혀야 한다. 오픈스탠스(Open Stance)가 편한데 이유는 이 자세가 어프로치 샷을 더 자연스럽게 만들기 때문이다.

스탠스에서도 체중의 70%는 왼쪽에 두어야 하고 오른쪽에 30%를 두어 분배해야 한다. 체중이 오른쪽에 있으면 하체가 무너지면서 어퍼스윙이 될 수 있기 때문이다. 왼발에 체중을 더 많이 두는 것은 하체의 움직임을 최소화

하기 위함이다. 어프로치샷에서 하체 움직임이 크면 샷은 부정확할 수 있다. 체중 분배를 잘해야 정확한 샷이 나올 가능성이 크다.

또한, 양손은 왼발보다 앞으로 나가서는 안된다. 손이 앞으로 나가면 헤드가 닫히면서 정확한 샷을 구사할 수가 없게 된다. 클럽의 바닥면인 솔이 지면에서 떨어지지 않은 상태에서 샷을 하도록 해야 한다. 이렇게 세트업(Setup)을 해야 내가 생각한 방향대로 공이 날아갈 수 있다.

벙커샷(Bunker Shot)

골퍼(Golfer)들이 가장 두려워하는 샷(Shot)은 벙커(Bunker)에 들어간 공을 치는 것이다. 그러나 자신감을 갖고 공을 친다면, 쉽게 벙커를 탈출할 수 있다. 벙커에서 스탠스(Stance)는 넓게 해야 한다. 그리고 발을 고정시키는 것이 중요한데 하체가 고정되어야 볼을 강하게 칠 수 있기 때문이다. 그래서 오른발과 왼발을 벙커에 고정시켜야 한다. 클럽(Club)은 짧게 잡고 클럽의 페이스를 열어야 한다. 보통 웨지(Wedge)와 피칭(Pitching)은 헤드(Head)가 하늘을 향해 있으므로 클럽페이스(Club Face)를 오픈(Open) 시키기가 쉽다. 당연히 공중으로 볼을 띄어야 되기 때문에 오픈시켜야 하는 것이다. 보통 클럽페이스를 오픈하면 클럽헤드의 바닥면이 넓어지기 때문에 볼이 쉽게 벙커에서 탈출한다. 하지만 여기서 주의해야 할 것은 클럽이 벙커에 닿아서는 안된다는 것이다. 많은 골퍼들이 이 실수 때문에 벌타가 추가되는 경우가 있는데 이를 주의해야 한다.

그러나 벙커샷의 어려움은 벙커가 그린 주변에 있다는 것이다. 지나치게 강하게 볼을 치면서 볼이 그린의 반대쪽으로 가는 경우가 있다. 이를 줄이기 위해서 공의 뒤쪽을 때리는 것을 연습해야 한다. 마치 생크림케이크의 크림 부분만 떼어낸다는 생각으로 스윙을 하면 된다. 당연히 팔로우스로우도 해야 한다. 팔로우스로우를 통해 샷에 힘을 넣어주어야 한다. 그러나 벙커샷은 정말 어렵다. 연습장에서 아무리 연습을 하더라도 실제 필드와는 다르다. 그러므로 벙커와 비슷한 환경에서 많은 연습을 하도록 노력해야 한다.

벙커샷의 거리는 백스윙과 팔로스루에 의해 좌우된다. 벙커샷은 내가 치려는 거리보다 더 큰 힘을 주어서 해야 한다. 모래라는 장해물이 있기 때문에 내 생각만큼 공이 날아가지 않기 때문이다. 많은 골퍼들이 강하게 치겠다는 생각 때문에 백스윙을 크게 한다. 하지만 벙커에서는 하체를 고정시키기가 쉽지 않고 균형을 잡기도 만만치 않다. 그러므로 어깨 높이까지 백스윙을 하는 것이 바람직하다. 팔로우스로우에 더 많은 관심을 갖는 것도 필요하다.

퍼팅(Putting)

마지막으로 그린(Green)에서 홀(Hole)에 공을 넣을 때, 사용하는 것이 퍼팅(Putting)이다. 퍼팅은 경기 결과에 직접적으로 영향을 미친다. 퍼팅은 퍼터(Putter)를 이용하는 데 그립(Grip)법이 사람마다 다르다. 보통 '리버스 오버래핑 그립(Reverse Overapping Grip)'을 사용한다. 또한, 링거그립(Langer Grip)은 오른손으로 왼손목과 샤프트(Shaft)를 동시에 잡는데 독일의 베른하르트 랑거(Bernhard Langer)가 처음 시작했다. 과거 박세리 선수와 함께 LPGA를 풍미했던 캐리웹(Karrie Webb)은 왼손이 오른손보다 바깥쪽으로 최대한 벌려 잡는 그립을 사용했다.

이처럼 많은 종류의 퍼터 잡는 그립이 있다. 그러나 초보자에게 이러한 그립은 손에 잘 맞지 않을 것이다. 그렇기 때문에 리버스 오버래핑 그립을 사용하는 것을 추천한다. 리버스 오버래핑은 양쪽 엄지를 그립의 납작한 쪽에 일직선으로 놓고, 왼손 검지가 오른손 전체를 감싸 쥐듯이 잡는 그립법이다. 그립의 강도는 가벼워야 하는데, 그립의 강도가 크면 리듬감을 유지하기가 어렵다.

퍼팅을 할 때, 오버래핑 그립을 사용하는 이유는 볼을 굴려야 하기 때문이다. 양손이 함께 리듬감을 익히고 볼을 굴리는데 오버래핑 그립이 가장 좋다. 퍼팅은 진자운동과 비슷하다. 백스윙(Back Swing)과 팔로우스로우(Flow Throw)가 대칭을 이루는 것이 가장 좋다. 아마 자신이 오른손 잡이라면 오른손이 리듬을 느끼는 데 더 효과적일 것이다. 오른손을 활용하려면 검지로 그립을 감싼 부분에 밀어주는 느낌으로 하는 것이 좋다. 하지만 손바닥을 이용하면 스트로크(Stroke)가 더욱 안정될 것이다.

퍼팅의 어드레스(Address)도 사람마다 다르다. 볼을 앞에 두고 가장 편안한 자세를 취해야 한다. 여기서 편안한 자세를 취하기 위해서는 퍼터의 길이가 중요하다. 퍼터의 길이가 길면 상체를 굽히기가 쉽지 않고, 퍼터가 짧으면 지나치게 상체를 숙이면서 자세를 잡기가 쉽지 않다. 어드레스를 통해 자신에게 맞는 퍼터를 골라야 한다.

스탠스(Stance)는 어깨너비보다는 조금 좁게 한다. 오픈 스탠스를 하라는 사람도 있지만 오픈 스탠스보다는 11자형으로 발을 두는 것이 좋다. 양팔과 무릎은 조금 굽히고 양쪽 팔의 굽히는 각도는 같아야 한다. 어떤 사람들은 정면에서 팔과 머리를 그렸을 때, 오각형이 나오도록 해야 한다고 말하기도 한다.

이렇게 어드레스를 잡으면 전자 운동처럼 어깨와 양손이 하나가 되어 움직여야 한다. 이때 머리나 하체는 완전히 고정되어 있어야 한다. 퍼팅은 하루에 10분씩 한 달을 꾸준히 연습하는 것이 좋다. 하루에 퍼터만 연습하는 것은 추천하지 않는다.

그리고 퍼터를 연습할 때, 가상의 홀을 머릿속에 그리는 것이 좋다. 아마 퍼터를 연습할 때는 평평한 곳에서 할 것이다. 그러나 실제 필드의 그린은 언덕도 있고 바람의 영향을 받기도 한다. 아마 골프 경기를 보면 프로들이 웅크린 채로 언덕의 경사를 측정하는 것을 볼 수 있을 것이다. 이처럼 이를 머릿속에 그리고 퍼터를 연습해야 한다. 보통 공은 자신이 머릿속에 그린 방향대로 움직인다. 내가 생각한 대로 공을 보내겠다는 생각으로 퍼팅을 해야 한다. 따라서 볼을 놓을 경우 볼에 적혀있는 마크(Mark)를 홀을 향해 놓고 그 마크에 평행하게 스탠스를 서는 것이 중요하다.

퍼팅 시 긴 거리의 퍼팅을 성공하면 그 기쁨이 배가 된다. 하지만 퍼팅 연습의 경우 긴 거리 퍼팅을 먼저 연습하는 것보다는 짧은 거리의 퍼팅을 먼저 하면서 점차 연습을 긴 거리 퍼팅으로 이어가는 것이 중요하다. 단거리 퍼팅을 통해 퍼팅 스트로크 감각을 익혀야 한다. 퍼팅은 아주 민감하기 때문이다. 백스윙만큼 공이 반응하며, 헤드업(Head Up)한 순간 내가 생각한 방향과는 반대로 공이 진행한다. 프로골퍼 잭 화이턴은 "귀로 퍼팅하라"라는 명언을 남겼다. 이는 공이 홀에 들어간 이후에 머리를 들으라는 것인데 그만큼 헤드업을 하지 말라는 의미이다. 보통 초보들이 헤드업을 하면서 퍼터와 공이 제대로 맞지 않는 경우가 생기는 데, 이를 해결하기 위해서는 공에 새겨진 글씨를 보는 것도 도움이 된다. 만약, 글씨가 없다면 골프공에 있는 한 개의 딤플(Dimple)을 보는 것도 좋다.

그리고 퍼팅은 자신감이다. 멘탈(Mental)의 중요성은 퍼팅에서 뼈저리게 느낄 수 있다. 퍼팅은 지속적인 성공을 통해 자신감이 쌓이면서 실력이 향상된다. 평평하고 짧은 거리에서의 퍼팅 연습은 퍼팅에 대한 자신감을 증대시킬 것이다. 따라서 머릿속으로 가상의 선을 그리며 퍼팅을 연습하는 것이 확률을 높일 수 있다.

또한 퍼터의 헤드를 놓을 경우 주의해야 하는 사항이 있다. 세트업(Setup)이 아무리 잘 되었더라도 퍼터의 헤드를 사진과 같이 보내야 되는 방향과 일직선상에 놓지 않고 타켓(Target)면으로 샷(Shot)을 하게 되면, 볼에 스핀이 발생하게 되어 홀과 벗어나는 샷을 할 수 있다. 따라서 퍼팅 어드레스를 할 경우 볼을 홀의 방향을 놓았다면, 마크와 퍼팅의 스윙스팟(Swing Spot)을 표기해놓은 하얀색의 선과 일직선으로 두고 어드레스를 해야 한다.

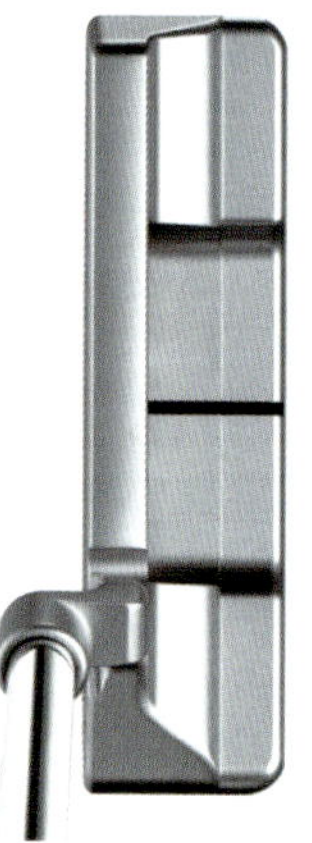

최근 퍼터를 보면 퍼터 모양이 다양한 종류라는 것을 알 수 있다. 퍼터의 헤드에 따라 퍼팅은 달라진다. 골퍼들은 퍼터의 헤드를 이용해서 백스윙을 조절하기도 한다. 퍼터를 할 때 거리감이 중요한지, 방향감이 중요한 지에 대한 질문을 많이 받는다. 하지만 이는 상황에 따라 다르다. 퍼팅의 길이가 짧다면 방향감이 중요하고 먼 거리의 피트라면 거리감이 중요하다. 여기서 거리감은 퍼터(Putter)의 헤드를 통해 연습할 수 있다. 헤드의 무게에 따라 백스윙이 달라지기 때문이다. 헤드의 무게에 맞게 연습해야 하고, 항상 퍼팅은 진자운동이란 생각으로 해야 한다. 백스윙과 팔로우스로우가 대칭이 되지 않으면 거리와 방향을 모두 놓치는 퍼팅이 될 수 있다. 초보자일수록 이러한 대칭의 스윙에 대해 많은 생각을 하여야 한다. 일정한 속도를 유지시키고, 백스윙의 크기와 팔로우스로우의 크기로 일정거리를 보내는 연습을 하여야 한다. 이러한 노력이 동반될 때 완벽한 퍼팅을 만들 수 있고, 흔히 실수하는 3퍼트를 줄일 수 있다.

또한, 그린의 상태에 따라서 퍼팅은 달라진다. 그린에 있는 잔디의 결, 언덕의 경사도에 따라 퍼팅의 결과는 달라진다. 먼저 그린의 상태를 파악하는 것이 중요한 이유이기도 하다.

필드에 나가게 되면 롱퍼팅(Long Putting)의 기회가 많다. 그러나 롱퍼팅을 넣으려고 욕심을 부리면, 더 안 좋은 상황으로 갈 수가 있다. 그렇기 때문에 롱퍼팅은 넣으려는 생각보다는 가깝게 붙이려는 생각을 해야 한다. 홀을 크게 보고 그 안에 공을 넣겠다는 생각을 해야 한다. 넣으려는 생각으로 인해 힘이 들어가게 되면 상황은 더욱 악화된다. 롱퍼팅에서는 홀에 넣는 것보다는 잔디의 결을 읽고 그린을 이해하는 것이 우선 해결되어야 한다. 공을 홀에 가까이 붙인 후에 홀에 넣겠다는 생각을 해야 한다.

4 실전골프하기

1) 골프장 가는 길

먼저 골프장을 방문하기에는 많은 여정이 필요하다. 골프장에 처음 방문하기 위해서 준비해야 할 사항들을 본 장에서 정리할 것이다.

골프장 예약

국내에서 골프장을 방문하기 위하여 퍼블릭(Public) 골프장을 방문할 것인지, 정규골프장을 방문할 것인지 정해야 할 것이다. 퍼블릭 골프장의 경우 예약에 있어 회원 비회원의 구분이 심하진 않지만, 정규골프장의 경우 주말의 경우 회원이 아닐 경우 예약이 되지 않는 경우가 있다. 또한 3명 혹은 4명이 한 팀으로 하여 경기를 할 수 있기 때문에 2명이 플레이하는 경우는 드물다. 따라서 팀을 3명 혹은 4명을 정해놓고 골프장을 예약을 해야 되며, 예약 후 3명 혹은 4명이 방문할 경우 약속을 취소하거나 다른 플레이어를 대동하는 경우 에티켓에 어긋나는 것으로 간주하기 때문에 플레이어는 철저한 본인의 스케줄(Schedule) 관리가 필요할 것이다.

골프장 방문하기

골프장을 방문하기 위하여 준비하기 위한 것이 단순한 것이 아니다. 먼저 골프장을 방문하기 위하여 방문하기 위한 차림새, 플레이(Play) 하기 위한 차림새를 갖춰야 한다. 퍼블릭(Public) 골프장의 경우 단순히 플레이하기 위한 차림새로 방문하기도 하고 일반 골프장의 경우 역시 골프웨어(Golf Wear)를 입고 방문하기도 한다. 하지만 재킷(Jacket)을 입는 것을 선호한다.

정리를 해보면, 골프장에 입장하기 위해서는 면바지와 피켓 티를 바탕으로 하여 재킷을 입는 것을 추천하며, 반바지 착용보다는 긴바지를 입는 것을 추천한다. 간혹 반바지 입었을 경우 입장이 불가능 한 곳도 있기 때문이다. 여성의 경우 너무 짧은 치마가 아닌 경우를 제외하고 크게 제약받지 않는다. 남성의 경우 반바지를 입을 경우 긴 양말을 신고 참여하기도 한다.

골프 클럽(Golf Club)의 경우 1인 1백(Bag)을 가지고 가야 된다. 개인당 클럽의 개수는 총 14개를 초과할 수 없다. 즉, 14개 이내의 클럽을 가져갈 수 있다. 물론 드라이버(Driver)나 퍼터(Putter)를 2개씩 휴대하는 경우도 있지만, 그런 사례들을 포함하여 총 14개 이내의 클럽 이내로 가져갈 수 있다. 주로 드라이버(1번우드), 스푼(3번우드), 브러시(5번우드), 아이언 4번, 5번, 6번, 7번, 8번, 9번, 어프로치 P, PW, SW, 퍼터 등을 가지고 플레이를 한다.

클럽과 옷이 준비되었다면 골프장으로 출발하면 된다. 골프장에 가기 위해 오전 7시에 티오프(Tee Off)라고 한다면 최소 30분 전에 골프장에 도착해야 한다. 만약 7시에 티오프 시간이라면 10분 전에는 카트에 탑승하거나, 워밍업(Warming Up)을 하고 있거나 퍼팅(Putting)장에서 연습을 하고 있어야 한다. 앞팀과의 차이가 10여 분 밖에 나지 않기 때문에 미리 준비를 하고 있어야 팀이 밀리는 현상이 나타나지 않을 것이다. 따라서 항상 골퍼들은 미리 준비해서 플레이할 수 있어야 한다. 이것 또한 하나의 에티켓(Etiquette)이기 때문이다. 클럽하우스(Clubhouse)에 들어갔을 때 준비해야 되는 사항을 아래와 같이 정리하였다.

옷을 갈아 입어야 한다.

골프(Golf) 복장으로 입장하는 경우도 있지만, 동반자들과의 자리에 따라 격식을 차려 입고 방문하기도 한다. 고급 골프장을 방문할 경우 재킷(Jacket) 착용이 필수인 골프장도 있기 때문에 골프장을 방문했을 때 골프 복장으로 갈아입는 경우가 많다. 그 이후 골프 참여자들은 자외선 차단제를 바르거나 선글라스를 준비하거나 하는 등의 준비를 한다.

아침식사

골프장에서의 경기준비가 끝났다면, 대부분의 골퍼들은 아침식사나 점심식사를 클럽하우스에서 한다. 클럽하우스에서의 식사가 부담스럽다면, 골프장에 들어서기 전 주변 음식점에서 식사를 하고 방문하기도 한다.

퍼팅연습

골프 경기 준비를 마쳤다면, 바로 경기에 들어가기보다 퍼팅을 연습할 수 있는 연습그린(Green)으로 가는 것이 좋다. 퍼팅(Putting)의 경우 골프장마다 혹은 그날 경기흐름을 조절하기 위하여 그린에서의 볼의 스피드(Speed)가 다르게 잔디의 길이를 조절한다. 그 길이에 따라 퍼팅의 속도가 다르다. 그날 플레이를 잘 하려면 꼭 퍼팅 연습을 통해 그린의 속도를 익혀야 될 것이다.

워밍업(Warming Up)과 티샷(Tee Shot) 준비

워밍업(Warming Up)의 경우 대부분 골프장 캐디들이 사고방지를 위해 함께 하기도 하고 개별적으로 플레이(Play)하기도 한다. 워밍업이 끝나면, 티샷(Tee Shot)을 누가 먼저 할 것인지 결정해야 한다. 순서를 정하는 방법은 여러 가지 방법 중 다음 세 가지 방법들을 주로 이용한다.

- 티를 클럽에 튕겨 시계방향 혹은 시계반대방향으로 정하여 1~4번까지 정한다.
- 줄 모양이 한개, 두개, 세개, 네개로 그려져 있는 4개의 스틱(stick)을 뽑아 순서를 정한다.
- 가위바위보로 정한다.

선수들의 경우 티샷 순서가 미리 정해져서 나온다. 하지만 일반적으로 경기를 임할 때는 위의 방법 등을 사용하여 정하며, 티샷을 할 경우 팅그라운드(Ting Ground) 위에 4명의 선수가 올라가지 않게 주의한다. 클럽(Club)에 맞는 사고가 생각보다 많기 때문이며, 플레이어가 볼에 집중할 수 있게 하기 위하여 주변을 물리는 것이 골프의 에티켓이다.

플레이(Play)하기

티샷(Tee Shot)을 할 경우 마크(Mark)의 선상에서 뒤로 두 클럽(Club)의 길이까지는 허용된다. 따라서 너무 마크 선상에서 치려다 보면 간혹 마크보다 앞에서 칠 수 있다. 골프(Golf) 룰을 보면, 마크를 벗어나 치게 될 경우 실격이 되기도 한다. 따라서 마크 선상에서 치기보다는 여유를 가지고 볼을 치는 것이 필요할 것이다. 또한 플레이(Play)를 할 경우 앞 팀이 티샷의 범위를 벗어났는지 확인해야 하고, 혹시 모르는 상황에서는 플레이를 조금 늦게 해야 할 것이다. 방향이 잘못되어 맞을 확률일 있을 경우 "볼~"하며 안전에 귀 기울여야 할 것이다.

세컨드샷(Second Shot)을 할 경우 플레이어(Player)는 주의해야 하는 사항이 있다. 캐디(Caddy)가 불러주는 거리에 맞게 클럽을 하나만 가져가는 불상사는 없애야 할 것이다. 골프라는 운동이 자연의 상태에서 플레이를 하다 보니 앞바람, 뒷바람, 오르막, 내리막 등의 요소들로 클럽을 달리하여 플레이를 해야 하는 경우도 있기 때문이다. 또한 캐디가 불러주는 거리가 항상 정확하다고 할 수 없기 때문에 일정 거리의 클럽과 오르막일 경우 하나 긴 클럽을 내리막의 경우 하나 짧은 클럽을 가져가서 경기진행에 방해를 줘서는 안될 것이다.

동반자가 세컨드샷을 위해 걸어가는 경우도 조심히 대처해야 한다. 골프 플레이는 홀에서 멀리 있는 플레이어가 먼저 플레이를 하는 것이 원칙이며 에티켓(Etiquette)이다. 따라서 동반플레이어(Player)의 볼(Ball)이 어디에 있는

지 확인하여야 하며 동반플레이어의 볼 보다 앞서서 플레이하게 되면 에티켓에 어긋나는 행위이므로 명심해야 할 것이다. 특히 플레이어가 플레이하는 볼(Ball)의 우측에 위치하게 되면 볼에 맞는 확률이 높기 때문에 플레이어가 볼을 치는데 방해되지 않는 뒤편에서 플레이하는 것이 바람직하다. 이동은 빠르게 플레이는 차분하게 함으로써 플레이의 속도를 조절해야 할 것이다.

어프로치(Approach)의 경우 그린(Green) 주변에서 홀(Hole)에 가깝게 붙이기 위하여 플레이하는 방법이다. 풀스윙(Full Swing)으로 플레이하기 보다 하프스윙(Half Swing)이나 그 이내로 하는 샷이 많다. 웨지(Wedge)를 이용하여 플레이를 하기도 하며, 볼이 놓여있는 상태(페어웨이, 러프, 벙커)에 따라 클럽을 다양하게 선택하여 플레이한다. 주로 웨지 종류를 사용하며 상황에 따라 7번, 8번, 9번 등의 아이언을 사용하거나 퍼터나 우드(Wood)를 사용하기도 한다.

그린 위에서 플레이를 할 경우 홀에서 가장 멀리 있는 볼의 플레이어가 플레이를 해야 하며, 볼이 다른 볼에 방해를 받게 될 경우 마크를 이용하여 볼을 집어 올릴 수 있다. 또한 마크(Mark)가 방해를 할 경우 마크를 옮길 수 있으며, 옮겨진 마크는 플레이를 할 경우 꼭 제자리에 옮겨두고 플레이를 해야 한다.

모든 플레이어들이 홀 아웃(Hole Out)을 했다고 하면 핀(Pin)을 제자리에 꽂아 둬야 한다. 일반적으로 캐디들이 제자리에 두기는 하지만, 플레이를 진행을 원활하게 하기 위해서 두 번째나 세 번째 홀 아웃 한 동반자가 핀을 잡아주는 것이 좋다.

골프 경기에서 또 다른 룰(Role)이나 경기 규칙들은 다른 심판이 있는 것이 아니라 스스로가 잘 숙지하여 지키는 것이 올바르게 플레이하는 것이기 때문에 부록에 있는 골프 룰을 참고하여 멋진 플레이를 하길 바란다.

경기 후 집으로

골프 플레이가 끝나고 나면, 케디피(Caddy Fee)를 계산하고 난 뒤, 골프화에 묻어있는 흙과 잔디를 털어내기 위해 에어건(Air Gun)을 사용하여 바닥에 있는 잔디와 흙을 털어낸 후 라커룸(Locker Room)으로 돌아와 샤워를 한 후 집으로 향한다.

골프가 접대의 가장 좋은 도구라고 일컫는 것도 바로 운동 후 함께 샤워를 한다는 것과 경기 후 식사나 음주가 이어지기도 하기 때문이다. 특히 5시간 동안이나 함께 경기를 하며, 사업에 대한 이야기나 다양한 소재의 이야기를 통해 가까워질 수 있기 때문에 이는 골프가 갖는 또 다른 장점이라 할 수 있다.

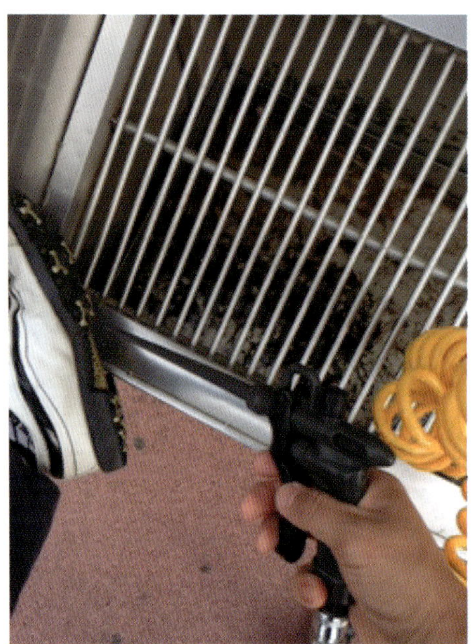

5 골프 룰

1) 플레이 규칙(대한골프협회 2012-2015 골프규칙을 참조)

티샷 (규칙 11)

티샷은 2개의 티 마커 사이에서 하되 티 마커 앞에서 하지 않는다. 2개의 티 마커 바깥쪽 한계선에서 뒤로 2클럽 길이 이내에서 티샷할 수 있다.

그 구역 밖에서 티샷 한 경우

- 매치 플레이에서는 벌이 없으나 자신의 상대방이, 즉시 그렇게 하겠다면, 자신의 스트로크를 다시 하도록 요구할 수 있다.
- 스트로크 플레이에서는 자신이 2벌타를 받게 되며 올바른 구역 안에서 볼을 플레이하지 않으면 안 된다.

볼 플레이 (규칙 12,13,14 및 15)

자신의 볼이라고 생각하는데 그 볼에서 자신의 식별 마크를 볼 수 없는 경우에는 자신의 마커나 상대방에게 통보하고 그 볼 위치를 마크한 후 확인하기 위하여 집어 올릴 수 있다(규칙 12-2).

볼은 있는 그대로의 상태로 플레이한다. 다음과 같은 행위를 하여 자신의 라이(lie), 의도하는 스탠스나 스윙 구역 또는 플레이 선을 개선하지 않는다.

- 바른 스탠스나 스윙하기 위하여 일어난 경우를 제외하고 어떤 생장물 또는 고정물을 움직이거나, 구부리거나, 부러뜨리는 행위, 또는
- 어떤 것을 누르는 행위(규칙 13-2)

자신의 볼이 벙커 안이나 워터 해저드 안에 있는 경우 다음과 같은 행위를 해서는 안 된다.

- 다운 스윙하기 전에 자신의 손이나 클럽으로 지면(또는 워터 해저드 안의 물)에 접촉하는 행위, 또는
- 루스 임페디먼트르 움직이는 행위(규칙 13-4)

오구를 플레이한 경우

- 매치 플레이에서 자신은 그 홀에서 패하며,

- 스트로크 플레이에서 자신은 2벌타를 받고 그 뒤 올바른 볼을 플레이하여 그 잘못을 시정하지 않으면 안 된다(규칙 15-3)

퍼팅 그린 위(규칙 16 및 17)

퍼팅 그린에서는

- 볼을 마크하고 집어 올려서 닦을 수 있으며(그 볼은 항상 정확한 지점에 리플레이스 하며)
- 볼 마크와 오래된 홀 자국은 수리할 수 있으나 스파이크(spike) 마크와 같은 다른 손상은 수리할 수 없다(규칙 16-1).

퍼팅 그린에서 스트로크 할 때 확실히 깃대가 제거되었거나 깃대에 붙어서 시중들고 있는 것을 확인하여야 한다. 볼이 퍼팅 그린 밖에 있는 경우에도 역시 깃대는 제거되거나 깃대에 붙어서 시중들 수 있다(규칙 17).

정지된 볼이 움직인 경우(규칙 18)

일반적으로 볼이 인 플레이일 때 만일

- 우연히 자신의 볼을 움직인 원인이 되는 일을 하거나
- 허용되지 않는데 볼을 집어 올리거나
- 어드레스 한 후에 볼이 움직인 경우에는

1벌타를 받고 자신의 볼을 리플레이스 한다(그러나 규칙 18-2a 및 18-2b의 예외도 참조한다).

자신, 파트너, 자신의 캐디 이외의 다른 사람이 정지된 자신의 볼을 움직이거나 다른 볼에 의하여 자신의 볼이 움직인 경우 벌 없이 볼이 있는 그대로의 상태로 플레이한다.

움직이고 있는 볼이 방향이 변경되거나 정지된 경우(규칙 19)

자신이 친 볼이 자신, 자신의 파트너, 자신의 캐디나 휴대품에 의하여 방향이 변경되거나 정지된 경우 1벌타를 받고 그 볼은 있는 그대로의 상태로 플레이한다(규칙 19-2).

자신이 친 볼이 정지하고 있는 다른 볼에 의하여 방향이 변경되거나 정지된 경우 정상적으로는 벌이 없으며 그 볼은 있는 그대로의 상태로 플레이한다. 그러나 스트로크 플레이에서 자신이 스트로크 하기 전에 양쪽 볼이 퍼팅 그린에 있었던 때에는 2벌타를 받는다(규칙 19-5a).

볼을 집어 올리기, 드롭하기 및 플레이스하기(규칙 20)

리플레이스 해야 할 볼(예를 들어 퍼팅 그린에서 볼을 닦기 위하여 집어 올린 경우)을 집어 올리기 전에 그 볼 위치를 마크하지 않으면 안 된다(규칙 20-1).

다른 위치에 드롭하거나 플레이스하기 위하여(예를 들어 언플레이어블 볼 규칙에 의하여 2클럽 길이 이내에 드롭하는 경우) 볼을 집어 올릴 경우, 그렇게 하도록 권장하고 있지만, 그 볼 위치를 반드시 마크해야 하는 것은 아니다.

드롭할 때는 똑바로 서서 볼을 어깨 높이까지 올려서 팔을 완전히 편 채로 드롭한다.

가장 일반적인 상황으로 다음과 같은 경우에는 드롭한 볼을 재 드롭하지 않으면 안 된다.

- 벌 없이 구제를 받았으나(예를 들어 움직일 수 없는 장해물로부터) 바로 그 상태로부터 방해를 받는 위치로 볼이 다시 굴러간 경우
- 볼이 드롭된 지점에서 2클럽 길이 이상 굴러가서 정지한 경우 또는
- 볼이 최초의 위치, 가장 가까운 구제 지점이나 볼이 워터 해저드의 한계를 최후로 넘어간 지점보다 홀에 더 가까이 굴러 가서 정지한 경우

드롭한 볼을 재 드롭해야 하는 경우는 모두 9가지 상황인데 그것들은 규칙 20-2c에 수록되어 있다.

두 번째 드롭한 볼이 규칙 20-2c에 수록된 위치로 굴러간 경우에는 재 드롭할 때 코스에 처음 떨어진 지점에 플레이스한다.

플레이에 원조 또는 방해가 되는 볼(규칙 22)

- 볼이 다른 플레이어에게 원조가 될 염려가 있다고 생각할 경우 자신의 볼은 집어 올릴 수 있고 다른 볼은 집어 올리게 할 수 있으며
- 볼이 자신의 플레이에 방해가 될 염려가 있는 경우 그 볼을 집어 올리게 할 수 있다.

다른 플레이어를 원조하기 위하여 볼을 그 위치에 그대로 놓아두는 데 동의해서는 안 된다.

퍼팅 그린 위에서 집어 올린 볼을 제외하고, 플레이에 원조 또는 방해가 되기 때문에 집어 올린 볼은 닦아서는 안 된다.

루스 임페디먼트(규칙 23)

루스 임페디먼트와 자신의 볼이 같은 해저드 안에 있는 경우를 제외하고 어떤 루스 임페디먼트(즉 돌, 떨어진 나뭇잎 및 작은 가지와 같은 자연히 떨어져 있는 물건)도 움직일 수 있다. 루스 임페디먼트를 제거하였는데 그 행위가 자신의 볼을 움직인 원인이 된 경우 그 볼은 리플레이스 하여야 하며 (볼이 퍼팅 그린에 있는 경우를 제외하고) 자신은 1벌타를 받는다.

움직일 수 있는 장해물(규칙 24-1)

어느 곳에 있더라도 움직일 수 있는 장해물(즉 고무래, 빈병 등과 같은 움직일 수 있는 인공물)은 벌 없이 움직일 수 있다. 그렇게 움직인 결과로 볼이 움직인 경우 그 볼은 벌 없이 리플레이스 하지 않으면 안 된다.

볼이 움직일 수 있는 장해물 위에 있는 경우 볼을 집어올리고 그 장해물을 제거할 수 있으며 그 장해물 위에 볼이 놓여 있었던 곳의 바로 아래 지점에 그 볼을 벌 없이 드롭할 수 있다. 다만 퍼팅 그린에서는 볼이 있었던 곳의 바로 아래 지점에 볼을 플레이스할 수 있다.

움직일 수 없는 장해물과 비정상적인 코스 상태(규칙 24-2 및 25-1)

움직일 수 없는 장해물은 코스 위에 움직일 수 없거나(예를 들어 건물) 쉽게 움직일 수 없는(예를 들어 지면에 단단히 박혀 있는 방향 표지판) 인공 물체를 말한다. 아웃 오브 바운드를 나타내는 물체는 장해물로 취급하지 않는다.

비정상적인 코스 상태는 캐주얼 워터, 수리지 또는 구멍 파는 동물이나 파충류, 새들에 의하여 만들어진 구멍, 쌓인 흙, 통로를 말한다.

볼이 워터 해저드 안에 있을 때를 제외하고 움직일 수 없는 장해물과 비정상적인 쿠스 상태가 볼의 라이, 자신의 스탠스나 스윙에 물리적으로 방해가 되는 경우 그 상태로부터 벌 없이 구제를 받을 수 있다. 따라서 볼을 집어 올려서 "가장 가까운 구제 지점"(용어의 정의 36 "가장 가까운 구제 지점" 참조)에서 1클럽 길이 이내이며 그 가장 가까운 구제 지점보다 홀에 더 가깝지 않은 곳에 드롭할 수 있다(아래의 도해 참조).

볼이 퍼팅 그린에 있는 경우 그 볼은 가장 가까운 구제 지점에 플레이스하는데 그 지점이 퍼팅 그린 밖이 될 수도 있다.

자신의 볼과 움직일 수 없는 장해물이나 비정상적인 쿠스 상태가 퍼팅 그린에 있을 때를 제외하고 자신의 플레이 선산에 그러한 상태가 걸려 있는 경우에도 구제를 받을 수 없다.

볼이 벙커 안에 있는 경우, 추가의 선택 사항으로는, 1벌타를 받고 그 벙커 후방에서 그러한 상태로부터 구제를 받을 수 있다.

다음의 도해는 규칙 24-2와 25-1에 있는 용어 "가장 가까운 구제 지점"에서 오른손잡이 플레이어의 경우를 예시 한 것이다.

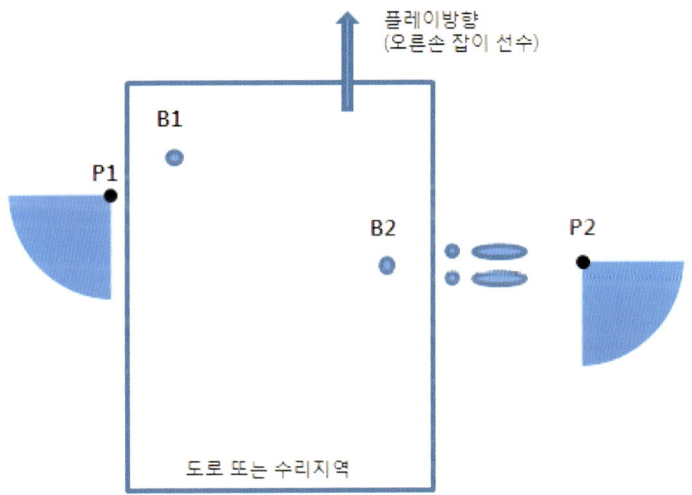

B1 = 도로 위, 수리지(GUR) 등에 있는 볼 위치

P1 = 가장 가까운 구제 지점

P1 = 그늘진 지역 = P1에서 반경 1클럽 길이 범위의 드롭구역으로 어느 클럽으로 측정해도 된다.

B2 = 도로 위, 수리지(GUR) 등에 있는 볼 위치

= 플레이어가 스트로크 하기 위하여 예상한 클럽을 가지고 P2에 있는 볼을 플레이할 때 요구되는 개념적인 스탠스

P2 = 가장 가까운 구제 지점

P2 = 그늘진 지역 = P2에서 반경 1클럽 길이 범위의 드롭구역으로 어느 클럽으로 측정해도 된다.

워터 해저드 (규칙 26)

자신의 볼이 워터 해저드(황색 말뚝과(또는) 선) 안에 있는 경우 볼을 있는 그대로의 상태로 플레이하거나 1벌타를 받고

- 앞서 그 워터 해저드 안으로 볼을 친 곳에서 볼을 플레이한다. 또는
- 홀과 볼이 워터 해저드의 한계를 최후로 넘어간 지점을 연결한 직선상으로 그 워터 해저드 후방에, 그 거리는 제한 없이 볼을 드롭한다.

자신의 볼이 래터럴 워터 해저드(적색, 말뚝과(또는) 선) 안에 있는 경우, 워터 해저드 안에 볼이 있을 때의 선택 사항에 추가하여(위의 내용 참조) 1벌타를 받고, 홀에 더 가까지 않은 곳으로 다음 지점에서 2클럽 길이 이내의 범위 안에 볼을 드롭할 수 있다.

- 볼이 그 래터럴 워터 해저드의 한계를 최후로 넘어간 지점, 또는
- 볼이 그 래터럴 워터 해저드의 한계를 최후로 넘어간 지점과 같은 거리에 있는 래터럴 워터 해저드 건너편의 한계상 지점.

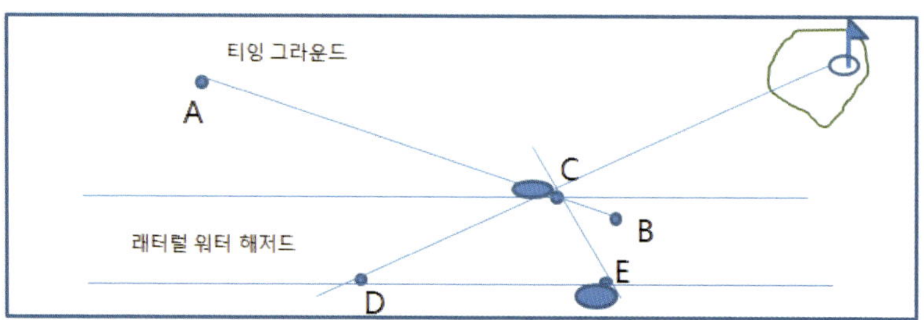

티잉 그라운드의 A지점에서 플레이한 볼이 래터럴 워터 해저드의 C지점에서 그 해저드의 한계를 최후로 넘어가 해저드 안의 B지점으로 들어가 정지하였다.

플레이어의 선택 사항은 다음과 같다.

- B지점에서 벌 없이 볼이 있는 그대로의 상태로 플레이한다.

1벌타를 받고

- 티잉 그라운드에서 다른 보을 플레이한다.
- D지점 후방의 점선 위 어느 한 곳의 해저드 후방에 볼을 드롭한다.
- C지점에 있는 지면의 그늘진 지역에 볼을 드롭한다.(C지점에서 2클럽 길이 이내이며 C지점보다 홀에 더 가깝지 않은 곳).
- E지점에 있는 지면의 그늘진 지역에 볼을 드롭한다(E지점에서 2클럽 길이 이내이며 E지점 보다 홀에 더 가깝지 않은 곳).

분실구 또는 아웃 오브 바운드 볼; 잠정구(규칙 27)

코스의 경계를 확인하기 위하여 스코어 카드상에 나와 있는 로컬 룰을 점검한다. 일반적으로 코스의 경계는 울타리, 벽, 백색 말뚝 또는 백색 선이 정해져 있다.

자신의 볼이 워터 해저드 밖에서 분실되거나 아웃 오브 바운드가 된 경우 1벌타를 받고, 즉 스트로크와 거리의 벌을 받고, 최후로 플레이했던 지점에서 다른 볼을 플레이하지 않으면 안 된다.

볼을 찾기 위하여 5분간의 시간이 허용되는데 그 후에도 볼이 발견되지 않거나 확인되지 않은 경우 그 볼은 분실된 것이다.

샷을 한 후 자신의 볼이 워터 해저드 밖에서 분실될 염려가 있거나 아웃 오브 바운드가 될 염려가 있다고 생각한 경우 '잠정구'를 플레이하여야 한다. 그리고 잠정구라는 것을 말하지 않으면 안 되며 원구를 찾으로 앞으로 나가기 전에 잠정구를 플레이하지 않으면 안 된다.

원구가 분실되거나(원터 해저드 이외의 곳에서) 아웃 오브 바운드가 된 경우 1벌타를 받고 그 잠정구로 플레이를 계속하지 않으면 안 된다. 원구가 인 바운드(in bounds)에서 발견된 경우 그 원구로 플레이를 계속하지 않으면 안 되며 잠정구로 플레이하는 것을 중지하지 않으면 안 된다.

언플레이어블 볼(규칙 28)

자신의 볼이 워터 해저드 안에 있는 경우 언플레이어블 볼 규칙은 적용되지 않으며, 구제를 받을 경우에는, 워터 해저드 규칙에 의하여 처리하지 않으면 안 된다.

코스의 어느 곳에서도 자신의 볼이 언플레이어블이라고 생각한 경우 1벌타를 받고 다음의 한 가지로 처리할 수 있다.

- 최후로 쳤던 곳에서 볼을 플레이한다. 또는
- 홀과 볼이 놓여 있었던 지점을 연결한 직선상으로 볼이 있었던 지점 후방에 거리 제한 없이 볼을 드롭한다. 또는
- 홀에 더 가깝지 않은 곳으로 볼이 놓여 있는 지점에서 2클럽 길이 이내의 범위 안에 볼을 드롭한다.

자신의 볼이 벙커 안에 있는 경우 위에서 규정된 바와 같이 처리할 수 있다. 다만 후방선상의 한 지점이나 2클럽 길이 이내에 드롭하는 경우에는 그 벙커 안에 드롭하지 않으면 안 된다.

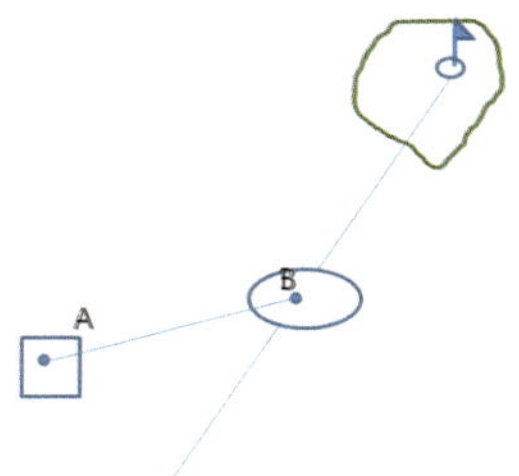

티잉 그라운드의 A지점에서 플레이한 볼이 관목 속의 B지점에 가서 정지하였다. 플레이어가 그 볼을 언플레이어블로 간주할 경우, 1벌타를 받고 다음과 같은 선택사항이 있다.

- 티잉 그라운드에서 볼을 플레이한다.
- B지점 후방의 점선 상으로 어느 한 곳에 볼을 드롭한다.
- 그늘진 지역 안에 볼을 드롭한다.(즉 B지점에서 2클럽 길이 이내이며 B지점보다 홀에 더 가깝지 않은 곳)

2) 골프 규칙

에티켓; 코스에서의 행동

서론

본 장은 골프 경기를 할 때 지켜야 할 예의에 관한 지침을 규정한다.

모든 플레이어가 이를 준수한다면 경기에서 최대한의 즐거움을 얻을 수 있을 것이다. 가장 중요한 원칙은 코스에서 항상 다른 플레이어를 배려하는 일이다.

- 경기의 기본 정신

골프는 대부분 심판원의 감독 없이 플레이된다. 골프 경기는 다른 플레이어들을 배려하고 규칙을 준수하는 사람의 성실성 여하에 달려 있다. 그리고 모든 플레이어는 경기하는 방법에 관계없이 언제나 절제된 태도로 행동하고 예의를 지키며 스포츠맨십을 발휘하여야 한다. 이것이 골프 경기의 기본 정신이다.

- 안전

플레이어는 스트로크 또는 연습 스윙을 할 때 클럽으로 다칠 만한 가까운 곳 또는 볼 이나 돌, 자갈, 나뭇가지 등이 날려서 다칠 만한 위치에 아무도 없는가를 확인하여야 한다. 플레이어는 앞서 간 플레이어들이 볼의 도달 범위 밖으로 나갈 때까지 볼을 쳐서는 안 된다.

플레이어는 볼을 스트로크 할 때 가까이 있거나 앞에 있는 코스관리인을 맞힐 염려가 있을 경우 항상 경고를 주어야 한다. 플레이어가 사람이 맞을 위험이 있는 방향으로 볼을 플레이한 경우에는 즉시 큰 소리를 질러 경고하여야 한다. 그와 같은 상황에서 관례적인 경고 발언은 "볼"이라고 외치는 것이다.

- 다른 플레이어에 대한 배려

소란이나 정신 집중 방해의 금지

플레이어는 항상 코스에서 다른 플레이어들을 배려하여야 하며 움직이거나, 말하거나, 불필요한 잡음을 내서 그들의 플레이를 방해해서는 안 된다.

플레이어는 코스로 가져간 전자 기기가 다른 플레이어들을 혼란시키지 않는다는 것을 확인하여야 한다.

티잉 그라운드에서 플레이어는 자신의 플레이 순서가 올 때까지 자신의 볼을 티업 해서는 안 된다. 그리고 플레이어들은 다른 플레이어가 플레이하려고 할 때 볼 가까이나 바로 뒤에 서서는 안 되며 홀 바로 뒤에 서서도 안 된다.

- 퍼팅 그린에서

퍼팅 그린에서 플레이어는 다른 플레이어의 퍼트 선 위에 서서는 안 되며 다른 플레이어가 스트로크 할 때 그의 퍼트 선에 그림자를 지게 해서도 안 된다.

플레이어들은 그들이 속한 조의 다른 플레이어 전원이 홀 아웃 할 때까지 퍼팅 그린 위나 가까이에 머물러 있어야 한다.

- 스코어 기록

스트로크 플레이에서 마커를 맡아보는 플레이어는, 필요한 경우, 다음 티잉 그라운드로 가는 도중에 관련 플레이어와 함께 스코어를 확인하고 이를 기록하여야 한다.

- 경기속도

약간 빠른 경기 속도 및 유지

플레이어는 약간 빠른 속도로 플레이하여야 한다. 위원회는 모든 플레이어가 준수해야 할 경기 속도 지침을 제정할 수 있다. 앞서 간 조와의 속도를 맞추어 나가는 일은 그 조의 책임이다. 한 홀이 비어 있도록 늦어지고 그 결과 후속 조가 지연되는 경우 그 조에 속한 플레이어 수에 관계없이 후속 조에게 먼저 플레이하여 나아가도록 권하여야 한다. 한조가 한 홀이 비어 있을 정도로 늦지는 않았으나 후속 조가 더 빠르게 플레이할 수 있는 것이 명백한 경우 그 빠르게 움직이는 후속 조에게 먼저 플레이하여 나아가도록 권하여야 한다.

- 플레이할 준비

플레이어는 플레이 순서가 왔을 때 바로 플레이할 수 있도록 준비하여야 한다.

그리고 퍼팅 그린이나 그 가까이에서 플레이할 때에는 자신들의 백이나 카트를 퍼팅 그린을 떠나서 다음 티잉 그라운드로 빨리 이동할 수 있는 위치에 놓아두어야 한다. 한 홀의 플레이가 끝나면 플레이어들은 곧 그 퍼팅 그린을 떠나야 한다.

- 분실구

플레이어가 자신의 볼이 워터 해저드 밖에서 분실될 염려가 있거나 아웃 오브 바운드가 될 염려가 있다고 생각할 때 시간 절약을 위하여 잠정구를 플레이하여야 한다.

볼을 찾는 플레이어들은 볼을 쉽게 찾지 못할 것이 분명해지면 곧 후속 조의 플레이어들에게 먼저 플레이하여 나아가도록 신호를 보내야 하며 5분 이상 찾아본 후에 신호해서는 안된다. 그리고 후속 조에게 먼저 플레이하여 나아가도록 허용 한 경우 그 후속 조가 지나가서 볼의 도달 범위 밖으로 나갈 때까지 플레이해서는 안 된다.

- 코스의 선행권

위원회가 따로 경정한 경우를 제외하고 코스의 선행권은 조의 플레이 속도에 의하여 결정된다. 1라운드를 플레이하는 조는 1라운드보다 더 짧은 라운드를 플레이하는 조를 통과하여 먼저 나아갈 권리가 인정된다. 그때 "조"라는 용어에는 혼자서 플레이하는 경우도 포함된다.

- 코스의 보호

벙커

플레이어들은 벙커를 나오기 전에 자신이 만든 것과 그 근처에 다른 플레이어들이 만든 움푹 팬 곳이나 발자국을 모두 잘 매워서 평탄하게 골라

놓아야 한다. 벙커 가까이에 고무래가 있는 경우에는 이러한 목적을 위하여 그 고무래를 사용하도록 한다.

디보트, 볼 마크 및 골프화에 의한 손상의 수리

플레이어들은 그들 자신들이 만든 디보트 자국과 볼의 충격에 의한 퍼팅 그린 면의 손상(플레이어 자신이 만들었거나 그렇지 않았거나에 상관없이)을 정성껏 고쳐 놓지 않으면 안 된다. 그리고 골프화에 의한 퍼팅 그린 면의 손상은 같은 조의 플레이어 모두가 그 홀의 플레이를 끝낸 후 곧바로 수리해 놓아야 한다.

불필요한 손상의 방지

플레이어는 연습 스윙을 할 때 디보트를 내거나, 화가 나서 또는 다른 이유 때문에 클럽 헤드로 지면을 내리쳐서 코스가 상하지 않도록 주의하여야 한다.

플레이어는 백이나 깃대를 놓을 때 퍼팅 그린이 상하지 않도록 주의하여야 한다.

홀이 상하지 않도록 하기 위하여 플레이어와 캐디는 홀에 너무 가까이 서서는 안 되며 깃대를 빼거나 꽂을 때나 홀에서 볼을 꺼낼 때 홀이 상하지 않도록 유의하여야 한다. 그리고 홀에서 볼을 꺼내기 위하여 클럽 헤드를 사용해서는 안 된다.

플레이어는 퍼팅 그린에서, 특히 홀에서 볼을 꺼낼 때 클럽을 짚고 기대서는 안 된다.

깃대는 퍼팅 그린을 떠나기 전에 홀 가운데의 제자리에 바르게 세워 놓아야 한다.

플레이어는 경기하는 골프장의 골프 카트 운행에 관한 주의 사랑을 엄수하여야 한다.

결론; 위반 시의 벌

플레이어들이 본 장의 지침을 준수할 경우, 각자가 더 유쾌한 경기를 즐기게 될 것이다.

플레이어가, 라운드 중에 또는 어떤 기간에 걸쳐, 계속해서 이 지침을 무시하고 다른 사람에게 피해를 끼친 경우 위원회는 위반 플레이어에 대하여 적절한 징계 조치를 고려하도록 권장한다. 이러한 징계 조치에는, 예를 들어, 코스에서 한정된 기간 플레이가 금지되거나 일정한 횟수의 경기 참가가 금지되는 조치가 포함된다. 이것은 본 지침에 따라서 플레이하려는 다수의 이익을 보호한다는 관점에서 정당하다고 인정할 수 있다.

위원회는 플레이어가 에티켓의 중대한 위반을 했을 경우 규칙 33-7에 의하여 그 플레이어를 경기 실격시킬 수 있다.

3) 용어의 정의

용어의 정의는 알파벳(alphabet) 순으로 나열하였으며 규칙에서 그 용어가 나올 때 고딕체 활자를 사용하였다.

- 비정상적인 코스 상태(Abnormal Ground Conditions)

"비정상적인 코스 상태"란 캐주얼 워터, 수리지 또는 구멍 파는 동물이나 파충류, 새들에 의하여 코스에 만들어진 구멍, 쌓인 흙, 통로를 말한다.

- 볼에 어드레스(Addressing the Ball)

플레이어가 스탠스를 취했는지 여부와 상관없이 클럽을 볼 바로 앞이나 볼 바로 뒤의 땅에 댔을 때 "볼에 어드레스" 한 것이 된다.

- 어드바이스(Advice)

"어드바이스" 란 플레이어의 플레이에 관한 결단, 클럽의 선택 또는 스트로크의 방법에 영향을 미칠 수 있는 조언이나 시사를 말한다.

규칙, 거리 또는 공지사항, 예를 들어 해저드의 위치나 퍼팅 그린 위의 깃대 위치와 같은 것에 관한 정보는 어드바이스가 아니다.

- 움직인 것으로 보는 볼(Ball Deemed to move)

용어의 정의 "움직인 또는 움직여진 볼" 참조.

- 홀에 들어간 볼(Ball Holed)

용어의 정의 "홀에 들어가다" 참조.

- 분실된 볼 (Ball Lost)

용어의 정의 "분실구" 참조.

- 인 플레이 볼 (Ball in play)

볼은 플레이어가 티잉 그라운드에서 스트로크 하자마자 "인 플레이"로 된다. 그 볼은 분실되거나, 아웃 오브 바운드 이거나, 집어 올려졌거나 또는 교체가 허용되거나 안되거나 간에 다른 볼로 교체된 경우를 제외하고 홀 아웃할 때까지 인플레이 상태를 지속한다. 다만 다른 볼로 교체된 경우 그 교체된 볼이 인 플레이 볼로 된다.

플레이어가 한 홀의 플레이를 시작할 때 티잉 그라운드 밖에서 플레이하거나 또는 그 잘못을 시정하려고 다시 티일 그라운드 밖에서 플레이한 경우 그 볼은 인 플레이가 아니며 규칙 11-4 또는 11-5가 적용된다. 그 이외의 경우 인플레이볼에는 플레이어가 다음 스트로크를 티잉 그라운드에서 하기로 하였거나 규칙에 따라 그곳에서 쳐야할 때 티잉 그라운드 밖에서 플레이한 볼이 포함된다.

매치 플레이에서의 예외: 인플레이 볼에는, 플레이어가 한 홀의 플레이를 시작할 때 티잉 그라운드 밖에서 플레이하였는데, 상대방이 규칙 11-4a에 따라서 스트로크를 취소하도록 요구하지 않으면 그 티잉그라운드 밖에서 플레이한 볼이 포함된다.

- 베스트 볼 (Best-Ball)

용어의 정의 "매치 플레이 방식" 참조.

- 벙커 (Bunker)

"벙커"란 흔히 움푹 들어간 지역으로 풀이나 흙이 제거되고 그 대신 모래 또는 이와 유사 한 것을 넣어서 지면에 조성한 구역으로 된 해저드를 말한다.

뗏장을 쌓아 올린 면(풀로 덮여 있거나 흙만 있거나를 불문하고)을 포함하여 벙커의 지면 가장자리나 벙커 안에서 풀로 덮여 있는 지면은 벙커의 일부가 아니다. 풀로 덮여 있지 않은 벙커의 측벽이나 턱은 벙커의 일부다. 벙커의 한계는 수직 아래로 연장될 뿐 위로는 아니다.

볼이 벙커 안에 놓여 있거나 볼의 어느 일부가 벙커에 접촉하고 있는 경우 그 볼은 벙커 안에 있는 볼이다.

- 구멍 파는 동물 Burrowing Animal*

"구멍 파는 동물"이란 토끼, 두더지, 마멋, 땅다람쥐, 도롱뇽 등과 같이 서식지나 은신처를 만들기 위하여 구멍을 파는 동물(벌레, 곤충 또는 이와 유사한 것을 제외한)을 말한다.

- 캐디 Cadde

"캐디"란 규칙에 따라서 플레이어를 원조하는 사람을 말하며 여기에는 플레이하는 동안 플레이어의 클럽을 운반하거나 취급하는 일이 포함될 수 있다.

1캐디를 2명 이상의 플레이어가 공용한 경우 그 캐디는 볼(또는 파트

* 구멍 파는 동물이 아닌 동물(예를 들면, 개)이 만든 구멍은 수리지로 표시하거나 수리지로 선언하지 않는 한 비정상적인 코스 상태가 아니다.

너의 볼)과 관련된 문제가 일어났을 때 항상 그 볼의 소유자의 캐디로 간주하며 캐디가 운반하고 있는 휴대품도 그 플레이어의 휴대품으로 간주한다. 다만 캐디가 다른 플레이어(또는 다른 플레이어의 파트너)의 특별한 지시에 의하여 행동한 경우에는 지시한 그 플레이어의 캐디로 본다.

- 캐주얼 워터 Casual Water

"캐주얼 워터"란 워터 해저드 안에 있지 않으며 플레이어가 스탠스를 취하기 전 또는 취한 후에 볼 수 있는 코스 위에 일시적으로 고인 물을 말한다. 서리 이외의 눈과 천연 얼음은 플레이어의 선택에 따라서 캐주얼 워터 또는 루스 임페디먼트로 취급할 수 있다. 인공 얼음은 장해물이다. 이슬과 서리는 캐주얼 워터가 아니다.

볼이 캐주얼 워터 안에 놓여있거나 볼의 어느 일부가 캐주얼 워터에 접촉하고 있는 경우 그 볼은 캐주얼 워터 안에 있는 볼이다.

- 위원회 Committee

"위원회" 란 경기를 관리하는 위원회를 말하며 경기에 관한 문제가 아닌 경우에는 코스를 관리하는 위원회를 말한다.

- 경기자 Competitor

"경기자"란 스트로크 플레이 경기의 플레이어를 말한다.

"동반 경기자"란 경기자와 함께 플레이하는 사람을 말하며 이들은 서로 파트너가 아니다.

포섬과 포볼 스트로크 플레이 경기에서는 문맥상 그와 같이 인정되면 "경기자" 또는 "동반 경기자"라는 용어에 그의 파트너가 포함된다.

- 코스 Course

"코스"란 위원회가 설정한 모든 경계선 이내에 있는 전 지역을 말한다(규칙 33-2 참조).

- 휴대품 Equipment*,**

"휴대품"이란 플레이어가 사용, 착용 또는 휴대하거나 플레이어를 위하여 그의 파트너나 그들의 캐디가 휴대하는 모든 물건을 말하며 현재 플레이하고 있는 홀에서 플레이 중인 볼 그리고 볼 위치나 볼을 드롭할 장소의 범위를 마크하기 위하여 사용되고 있는 동전이나 티와 같은 작은 물건은 휴대품이 아니다. 휴대품에는 동력식인가 아닌가에 관계없이 골프 카트가 포함된다.

- 동반 경기자 Fellow-Competitor

용어의 정의 "경기자" 참조.

- 깃대 Flagstick

"깃대"란 홀의 위치를 표시하기 위하여 깃발 또는 다른 물건을 달거나 달지 않은 채 홀의 중심에 똑바로 세워둔 움직일 수 있는 표시물을 말한다. 깃대의 단면은 원형이어야 한다. 볼의 움직임에 부당한 영향을 미칠지도 모르는 충전물이나 충격 흡수 물질의 사용은 금지된다.

- 포어캐디 Forccaddie

"포어 캐디"란 플레이하는 동안 볼의 위치를 플레이어에게 가르쳐 주기 위하여 위원회가 배치한 사람을 말하며 그는 국외자이다.

- 매치 플레이 방식 Forms of Match Play

싱글: 1명이 다른 1명에 대항하여 플레이하는 매치를 말한다.

스리섬: 1명이 다른 2명에 대항하여 플레이하며 각 편은 1개의 볼로

* 현재 플레이하고 있는 홀에서 플레이 중인 볼도 집어 올려진 후 다시 인플레이로 되지 않았을 때에는 그 볼은 휴대품이다.

** 골프 카트를 2명 이상의 플레이어가 공용하고 있을 때 그 카트와 그 안에 실려 있는 모든 것은 그 카트를 고용하고 있는 플레이어 중 1명의 휴대품으로 간주한다. 카트를 공용하고 있는 플레이어 중 1명(또는 플레이어 중 1명의 파트너)이 그 카트를 움직이고 있을 경우 그 카트와 그 안에 실려 있는 모든 것은 그 플레이어의 휴대품으로 간주한다. 그 이외의 경우에는 볼(또는 파트너의 볼)과 관련된 문제가 일어났을 때 그 카트와 그 안에 실려 있는 모든 것은 카트를 공용하고 있는 그 플레이어의 휴대품으로 간주한다.

플레이하는 매치를 말한다.

스리볼: 3명이 서로 대항하여 각자의 볼을 플레이하는 매치 플레이 경기를 말한다.

각 플레이어는 2개의 별개 매치를 동시에 하는 것이다.

베스트볼: 1명이 다른 2명 중 스코어가 더 좋은 사람과 대항하거나 다른 3명 중 스코어가 가장 좋은 사람과 대항하여 플레이하는 매치를 말한다.

포볼: 2명 중 스코어가 더 좋은 사람이 다른 2명 중 스코어가 더 좋은 사람에 대항하여 플레이하는 매치를 말한다.

- 스트로크 플레이 방식 Forms of Stroke Play*

개인: 각 경기자가 한 개인으로서 플레이하는 경기를 말한다.

포섬: 2명의 경기자가 파트너로서 1개의 볼을 플레이하는 경기를 말한다.

포볼: 2명의 경기자가 파트너로서 플레이하며 각자는 자기 볼을 플레이하는 경기를 말한다. 파트너들이 낸 스코어 중에서 더 적은 스코어가 그 홀의 스코어가 된다.

1명의 파트너가 1홀의 플레이를 끝마치지 않은 경우에도 벌이 없다.

- 포볼 For-Ball

용어의 정의 “매치 플레이 방식” 및 “스트로크 플레이 방식” 참조.

- 포섬 Foursome

용어의 정의 “매치 플레이 방식” 및 “스트로크 플레이 방식” 참조.

* 보기, 파 및 스테이블포드 경기에 관해서는 규칙 32-1을 참조한다.

- 수리지 Ground Under Repair*

"수리지"란 위원회의 지시에 의하여 수리지로 표시되거나 위원회로부터 권한을 위임받은 사람에 의하여 수리지로 선언된 코스의 일부 구역을 말한다. 수리지 안에 있는 모든 지면과 풀, 관목, 나무 또는 기타 생장물은 수리지의 일부분이다. 수리지에는 그 표시가 없어도 다른 곳으로 옮기기 위하여 쌓아 놓은 물건과 그린 키퍼가 만든 구멍이 포함된다. 다른 곳으로 옮길 의사가 없이 방치되어 있는 깎아 놓은 풀과 기타 코스 위에 남겨 놓은 물건은 그 표시가 없는 한 수리지가 아니다.

수리지의 한계가 말뚝으로 정해졌을 때 그 말뚝은 수리지 안에 있는 것으로 하며 수리지의 한계는 말뚝의 지표면에 접한 가장 가까운 수리지 바깥쪽 지점들에 의하여 정해진다. 수리지를 표시하기 위하여 말뚝과 선 양쪽을 사용한 경우 말뚝은 수리지라는 것을 확인하고 선은 수리지의 한계를 정한다. 수리지의 한계가 선으로 지상에 정해졌을 때 그 선 자체는 수리지 안에 있는 것이다. 수리지의 한계는 수직 아래로 연장될 뿐 위로는 아니다.

볼이 수리지 안에 놓여 있거나 볼의 어느 일부가 수리지에 접촉하고 있는 경우 그 볼은 수리지 안에 있는 볼이다.

수리지의 한계를 정하기 위하여 또는 수리지라는 것을 확인하기 위하여 사용한 말뚝은 장해물이다.

- 해저드 Hazards

"해저드"란 모든 벙커 또는 워터 해저드를 말한다.

- 홀 Hole

"홀"의 직경은 4.25인치(108mm)이어야 하며 깊이는 4인치(101.6mm) 이상이어야 한다. 원통을 사용할 경우 그 원통은 토질이 허용하는 한 퍼팅그린 면에서 적어도 1인치(25.4mm) 아래로 묻어야 하다. 또 원통의 외경은 425

* 위원회는 수리지에서 또는 수리지로 정해진 환경상 취약 지역에서 플레이를 금지하는 로컬 룰을 제정할 수 있다.

인치(108mm)를 초과해서는 안 된다.

- 홀에 들어가다 Holed

볼이 홀의 원둘레 안에 정지해있으며 볼 전체가 홀 가장자리 보다 아래에 있을 때 그 볼은 "홀에 들어갔다."라고 말한다.

- 아너 Honour

티잉 그라운드에서 가장 먼저 플레이하는 플레이어가 "아너"를 갖는다고 한다.

- 래터럴 워터 해저드 Later Water Hazard* ** ***

"래터럴 워터 해저드"란 규칙 26-1b에 따라서 그 워터 해저드 후방에 볼을 드롭하기가 불가능하거나 위원회가 실행 불가능하다고 인정한 위치에 있는 워터 해저드 또는 그 일부를 말한다. 래터럴 워터 해저드의 한계 안에 있는 모든 지면과 물은 그 래터럴 워터 해저드의 일부다.

래터럴 워터 해저드의 한계가 말뚝으로 정해졌을 때 그 말뚝은 래터럴 워터 해저드 안에 있는 것으로 치며 래터럴 워터 해저드의 한계는 말뚝의 지표면에 접한 가장 가까운 래터럴 워터 해저드 바깥쪽 지점에 의하여 정해진다. 래터럴 워터 해저드를 표시하기 위하여 말뚝과 선 양쪽을 사용한 경우 말뚝은 래터럴 워터 해저드라는 것을 확인하고 선은 래터럴 워터 해저드의 한계를 정한다. 래터럴 워터 해저드의 한계가 선으로 지상에 정해졌을 때 그 선 자체는 래터럴 워터 해저드 안에 있는 것이다. 래터럴 워터 해저드의 한계는 수직 위와 아래로 연장된다.

볼이 래터럴 워터 해저드 안에 놓여있거나 볼의 어느 일부가 래터럴

* 워터 해저드의 일부를 래터럴 워터 해저드로 할 때는 그 부분은 명확히 표시해두지 않으면 안 된다. 래터럴 워터해저드 의 한계를 정하기 위하여 또는 래터럴 워터 해저드라는 것을 확인하기 위하여 사용한 말뚝이나 선은 반드시 적색이어야 한다.

** 위원회는 래터럴 워터 해저드로 정해진 환경상 취약 지역에서 플레이를 금지하는 로컬 룰을 제정할 수 있다.

*** 위원회는 래터럴 워터 해저드를 워터 해저드로 정할 수 있다.

워터 해저드에 접촉하고 있는 경우 그 볼은 래터럴 워터 해저드 안에 있는 볼이다.

래터럴 워터 해저드의 한계를 정하기 위하여 또는 래터럴 워터 해저드라는 것을 확인하기 위하여 사용한 말뚝은 장해물이다.

- 플레이 선 Line of Play

"플레이 선"이란 플레이어가 볼을 쳐서 보내고자 하는 방향을 말하며 의도하는 그 방향 양쪽의 적절한 넓이를 포함한다. 플레이 선은 지면에서 수직 위로 연장되지만 홀을 넘어 연장되지만 홀을 넘어 연장되지 않는다.

- 퍼트 선 Line of Putt

"퍼트 선"이란 퍼팅 그린에서 플레이어가 불을 쳐서 보내고자 하는 선을 말한다. 규칙 16-1e에 관한 경우를 제외하고, 퍼트 선은 플레이어가 의도하는 그 선 양쪽의 적절한 넓이를 포함한다. 퍼트 선은 홀을 넘어 연장되지 않는다.

- 루스 임페디먼트 Loose Impediments

"루스 임페디먼트"란 자연물로써

- 고정되어 있지 않고, 생장하지 않으며
- 땅에 단단히 박혀 있지 않고
- 볼에 달라붙어 있지 않은 것으로 다음의 것들이 포함된다. 즉
- 돌, 나뭇잎, 나무의 잔가지, 나뭇가지 그리고 이와 유사한 것
- 동물의 똥
- 벌레, 곤충 및 이와 유사한 것들 그리고 그것들이 파내 놓은 흙과 퇴적물

모래와 흩어진 흙은 퍼팅 그린에 있을 때에는 루스 임페디먼트이나 다른 곳에 있을 때에는 아니다.

서리 이외의 눈과 천연 얼음은 플레이어의 선택에 따라서 캐주얼 워터 또는 루스 임페디먼트로 취급할 수 있다.

이슬과 서리는 루스 임페디먼트가 아니다.

- 분실구 Lost Ball

다음과 같은 경우에는 볼이 "분실"된 것으로 간주한다.

a. 플레이어, 플레이어 편 또는 이들의 캐디가 볼을 찾기 시작하여 5분 이내에 볼이 발견되지 않거나 플레이어가 자신의 볼임을 확인하지 못하였을 때

b. 플레이어가 원구가 있을 것으로 생각되는 장소에서 또는 그 장소보다 홀에 더 가까운 지점에서 잠정구를 스트로크 했을 때(규칙 27-2b 참조)

c. 플레이어가 규칙 26-1a, 27-1 또는 28a에 의하여 스트로크와 거리의 벌을 받고 다른 볼을 인 플레이로 했을 때

d. 발견되지 않은 볼이 국외자에 의하여 움직였거나(규칙 18-1 참조), 장해물 안에(규칙 24-3 참조) 있거나, 비정상적인 코스 상태(규칙 25-1c) 안에 또는 워터 해저드(규칙 26-1b 또는 26-1c) 안에 있다는 것을 알고 있거나 사실상 확실하기 때문에 플레이어가 다른 볼을 인 플레이로 했을 때

e. 플레이어가 교체한 볼을 스트로크 했을 때 오구를 플레이하는데 보낸 시간은 찾기 위하여 허용된 5분 내에 포함되지 않는다.

- 마커 Marker

"마커"란 스트로크 플레이에서 경기자의 스코어를 기록하도록 위원회가 임명한 사람을 말하며 동반 경기자도 마커가 될 수 있다. 마커는 심판원이 아니다.

- 움직인 또는 움직여진 볼 Move or Moved

볼이 있는 위치를 떠나서 다른 장소에 가서 정지하였을 때 그 볼은 "움직인" 것으로 본다.

- 가장 가까운 구제 지점 Nearest Point of Relief*

"가장 가까운 구제 지점"이란 움직일 수 없는 장해물(규칙 24-2), 비정상적인 코스 상태(규칙 25-1) 또는 다른 퍼팅 그린(규칙 25-3)에 의한 방해로부터 벌 없이 구제를 받을 때의 기점을 말한다.

* 가장 가까운 구제 지점을 정확히 결정하기 위해서는 다음 스트로크를 위한 어드레스 자세를 취하고 치는 방향을 잡아 스윙을 해보면서, 만일 구제를 받고자 하는 그런 상태가 그곳에 없었다면 사용했을 클럽은 사용하여야 한다.

가장 가까운 구제 지점은 볼이 놓여 있는 곳에 가장 가까운 코스 위의 한 지점으로

(i) 홀에 더 가까지 않고

(ii) 구제를 받고자 하는 상태가 그곳에 없었다면 플레이어가 볼이 있는 원위치에서 스트로크 하는 것과 똑같이 방해를 받지 않고 스트로크 할 수 있는 곳이다.

- 업저버 Observer

"업저버"란 사실에 관한 문제의 재정에 관하여 심판원을 보조하며 어떤 규칙 위반도 심판원에게 보고하도록 위원회가 임명한 사람을 말한다. 업저버는 깃대에 붙어 시중들거나, 홀 위치에 서거나 그 위치를 표시하거나 또는 볼을 집어 올리거나 그 위치를 마크해서는 안 된다.

- 장해물 Obstructions*

"장해물"이란 모든 인공물로써 도로와 통로의 인공 표면과 측면 그리고 제조된 얼음을 포함한다. 다만 다음의 것은 제외된다.

a. 아웃 오브 바운드를 표시하는 것으로 벽, 담, 말뚝 및 울타리와 같은 물체

b. 아웃 오브 바운드에 있는 움직일 수 없는 인공 물체의 모든 부분

c. 위원회가 코스와 분리될 수 없는 부분이라고 신인한 모든 긴조물

무리한 노력을 들이지 않고, 플레이를 부당하게 지연시키지 않으며, 손상을 입히지 않고 옮길 수 있는 장해물은 움직일 수 있는 장해물이다. 그렇지 않은 경우는 움직일 수 없는 장해물이다.

- 상대방(Opponent)

"상대방"이란 매치 플레이에서 한 플레이어의 편이 대항하여 경기하고 있는 다른 편의 한 플레이어를 말한다.

* 위원회는 움직일 수 있는 장해물을 움직일 수 없는 장해물로 선언하는 로컬 룰을 제정할 수 있다.

- 아웃 오브 바운드(Out of Bounds)* **

"아웃 오브 바운드"란 코스의 한계를 넘어선 장소 또는 위원회가 그렇게 표시한 코스의 일부를 말한다.

아웃 오브 바운드가 말뚝이나 울타리를 기준으로 또는 말뚝이나 울타리를 넘어선 쪽으로 정해진 경우 그 아웃 오브 바운드의 선은 말뚝이나 울타리 기둥(지주를 제외한)의 지표면에 접한 가장 가까운 코스 안쪽 지점에 의하여 결정된다. 아웃 오브 바운드를 표시하기 위하여 말뚝과 선 양쪽을 사용한 경우 말뚝은 아웃 오브 바운드라는 것을 확인하고 선은 아웃 오브 바운드의 한계를 정한다. 아웃 오브 바운드가 선으로 지상에 정해졌을 때 그선 자체는 아웃 오브 바운드이다. 아웃 오브 바운드의 선은 수직 위와 아래로 연장된다.

볼 전체가 아웃 오브 바운드에 놓여 있는 경우 그 볼은 아웃 오브 바운드 볼이다.

플레이어는 인 바운드에 있는 볼을 플레이하기 위하여 아웃 오브 바운드에 설 수 있다.

벽, 담, 말뚝 울타리와 같이 아웃 오브 바운드를 정하는 것들은 장해물이 아니며 고정물로 간주한다. 아웃 오브 바운드라는 것을 표시하는 말뚝은 장해물이 아니며 고정물로 간주한다.

- 국외자 Outside Agency

매치 플레이에서 "국외자"란 플레이어나 상대방, 어느 한편에 속한 캐디, 현재 플레이하고 있는 홀에서 어느 한 편이 플레이한 볼 또는 어느 한 편의 휴대품을 제외한 모든 사람과 사물을 말한다.

스트로크 플레이에서 국외자란 경기자 편, 경기자 편에 속한 캐디. 현재 플레이하고 있는 홀에서 경기자 편이 플레이한 볼 또는 경기자 편의 휴대품을 제외한 모든 사람과 사물을 말한다.

* 아웃 오브 바운드를 정하기 위하여 사용한 말뚝이나 선은 백색이어야 한다.

** 위원회는 아웃 오브 바운드라는 것을 나타내고 있으나 아웃 오브 바운드의 한계를 정하고 있지 않은 말뚝은 장해물이라는 것을 선언하는 로컬 룰을 재정할 수 있다.

국외자에는 심판원, 마커, 업저버 그리고 포어캐디가 포함된다. 바람과 물은 국외자가 아니다.

- 벌타 Penalty Stroke

"벌타"란 해당 규칙에 의하여 플레이어 또는 그 편의 스코어에 가산되는 스트로크 수를 말한다. 스리섬과 포섬의 경우 벌타는 플레이어의 플레이 순서에 영향을 미치지 않는다.

- 잠정구 Provisional Ball

"잠정구"란 볼이 워터 해저드 밖에서 분실될 염려가 있거나 아웃 오브 바운드가 될 염려가 있을 때 규칙 27-2에 의하여 플레이하는 볼을 말한다.

- 심판원 Referee

"심판원"이란 사실에 관한 문제를 재정하고 규칙을 적용하기 위하여 위원회가 임명한 사람을 말한다. 심판원은 그가 목격하거나 보고받은 모든 규칙 위반에 대해서 조치를 취하지 않으면 안 된다.

심판원은 깃대에 붙어 시중들거나, 홀 위치에 서거나 그 위치를 표시하거나 또는 볼을 집어올리거나 그 위치를 마크해서는 안 된다.

매치 플레이에서 예외: 심판원이 매치에서 플레이어들과 동행하도록 지정되지 않는 한 심판원은 규칙 1-3, 6-7 또는 33-7에 관련된 경우 이외에는 간섭할 권한이 없다.

- 럽 오브 더 그린 Rub of the Green

"럽 오브 더 그린"이란 움직이고 있는 볼이 우연히 국외자에 의하여 방향이 변경되거나 정지된 경우를 말한다(규칙 19-1참조).

- 싱글 Single

용어의 정의 "매치 플레이 방식" 및 "스트로크 플레이 방식" 참조.

- 스트로크 Stroke

"스트로크"란 볼을 쳐서 움직이게 할 의사를 가지고 클럽을 앞 방향으로 움직이는 동작을 말한다. 그러나 클럽 헤드가 볼에 도달하기 전에 플레이어가 자발적으로 다운스윙을 중지했을 경우 그 플레이어는 스트로크 하지 않은 것이다.

- 교체한 볼 Substituted Ball

"교체한 볼"이란 인 플레이볼, 분실구, 아웃 오브 바운드 볼 또는 집어 올려진 원구 대신에 인 플레이로 한 볼을 말한다.

- 티잉 그라운드 Teeing Ground

"티잉 그라운드"란 플레이할 홀의 출발 장소를 말한다. 티잉 그라운드는 2개의 티 마커 바깥쪽 한계로 전면과 측면이 정해지며 측면의 길이가 2클럽 길이인 직사각형으로 된 구역이다. 볼 전체가 티잉 그라운드 밖에 놓여 있는 경우 그 볼은 티잉 그라운드 밖에 있는 볼이다.

- 스리볼 Three-Ball

용어의 정의 "매치 플레이 방식" 참조.

- 스리섬 Threesome

용어의 정의 "매치 플레이 방식" 참조.

- 스루 더 그린 Through the Green

"스루 더 그린"이란 다음과 같은 것을 제외한 코스의 전 지역을 말한다.

a. 현재 플레이하고 있는 홀의 티잉 그라운드와 퍼팅 그린

b. 코스 안에 있는 모든 해저드

- 워터 해저드 Water Hazard* **

"워터 해저드"란 코스 안의 모든 바다, 호수, 연못, 하천, 도랑, 표면 배수로 또는 뚜껑이 없는 수로(물이 있고 없고를 불문하고) 그리고 이와 유사한 상태의 것을 말한다. 워터 해저드의 한계 안에 있는 모든 지면과 물은 그 워터 해저드의 일부다.

워터 해저드의 한계가 말뚝으로 정해졌을 때 그 말뚝은 워터 해저드 안에 있는 것으로 하며 워터 해저드 의 한계는 말뚝의 지표면에 접한 가장 가까운 워터 해저드 바깥쪽 지점들에 의하여 정해진다. 워터 해저드를 표시하기 위하여 말뚝과 선 양쪽을 사용한 경우 말뚝은 워터 해저드라는 것을 확인하고 선은 워터 해저드의 한계를 정한다. 워터 해저드의 한계가 선으로 지상에 정해졌을 때 그 선 자체는 워터 해저드 안에 있는 것이다. 워터 해저드의 한계는 수직 위와 아래로 연장된다.

볼이 워터 해저드 안에 놓여 있거나 볼의 어느 일부가 워터 해저드에 접촉하고 있는 경우 그 볼은 워터 해저드 안에 있는 볼이다.

워터 해저드의 한계를 정하기 위하여 또는 워터 해저드라는 것을 확인하기 위하여 사용한 말뚝은 장해물이다.

- 오구 Wrong Ball***

"오구"란 다음과 같은 플레이어의 볼 이외의 모든 볼을 말한다.

- 인 플레이 볼
- 잠정구
- 스트로크 플레이에서 규칙 3-3 또는 20-7c에 의하여 플레이한 제2의 볼 그리고 오구에는 다음과 같은 볼이 포함된다.
- 다른 플레이어의 볼
- 버려진 볼
- 더 이상 인 플레이 볼이 아닌 플레이어의 원구

* 워터 해저드의 한계를 정하기 위하여 또는 워터 해저드라는 것을 확인하기 위하여 사용한 말뚝이나 선은 반드시 황색이어야 한다.

** 위원회는 워터 해저드로 정해진 환경상 취약 지역에서 플레이를 금지하는 로컬 룰을 제정할 수 있다.

*** 인 플레이 볼에는 볼 교체가 허용되거나 안되거나 간에 인 플레이 볼을 다른 볼로 교체했으면 그 교체한 다른 볼도 포함된다.